DEREK PRINCE

EVLİLİK ANTLAŞMASI

*Sonsuza Dek Süren Bir Aşkın
Sırrı Kutsal Kitap'ta*

GDK YAYIN NO: 181
KİTAP: Evlilik Antlaşması / *Marriage Covenant*
YAZAR: Derek Prince
ÇEVİRMEN: Sofia Dordel
KAPAK: Keğanuş Özbağ

ISBN: 978-1-78263-464-5
T.C. Kültür ve Turizm Bakanlığı Sertifika No: 16231

© **Gerçeğe Doğru Kitapları**
Davutpaşa Cad. Emintaş
Kazım Dinçol San. Sit. No: 81/87
Topkapı, İstanbul - Türkiye
Tel: (0212) 567 89 92
Fax: (0212) 567 89 93
E-mail: gdksiparis@yahoo.com
www.gercegedogru.net

Originally published in English under the title *Marriage Covenant.*
Copyright © 2006 by Derek Prince Ministries–International All rights reserved. Derek Prince Ministries–International P.O. Box 19501, Charlotte, North Carolina, 28219-9501 U.S.A. Turkish translation is published by permission Copyright © 2013 Derek Prince Ministries–International. **www.derekprince.com**

Bu kitap Derek Prince Ministries tarafından verilen izinle basılmıştır. Kitabın hiçbir bölümü herhangi bir şekilde elektronik veya mekanik - fotokopi, kayıt, ya da herhangi bir bilgi depolama veya geri dönüşüm sistemi kullanmak da dahil olmak üzere- yayıncısından yazılı izin alınmadan çoğaltılamaz.
Kitapla ilgili görüşleriniz için: derekprinceturkey@gmail.com

Kutsal Kitap alıntıları, aksi belirtilmedikçe
Türkçe *Bible Server.Com*'dan yapılmıştır.

Baskı: Anadolu Ofset – Tel: (0212) 567 89 93
Davutpaşa Cad. Emintaş Kazım Dinçol San. Sit.
No: 81/87 Topkapı, İstanbul
1. Baskı: Ocak 2013

İÇİNDEKİLER

RUTH PRINCE'İN ÖNSÖZÜ 5

1. BÖLÜM
Evlilik Bir Antlaşmadır 9

2. BÖLÜM
Antlaşmanın Doğası 26

3. BÖLÜM
Erkekle Kadının 'Bir'leşmesi 48

4. BÖLÜM
Eşini Bulmak 74

5. BÖLÜM
Tanrı'yla 'Bir'leşmek 92

6. BÖLÜM
Tanrı'nın Halkıyla 'Bir'leşmek 105

7. BÖLÜM
Karar Noktası 129

YAZAR HAKKINDA 145

ÖNSÖZ

1970 yılında İsa'nın Mesih ve kurtarıcım olduğunu kabul etmemin ardından, evliliklerini Tanrı'nın tanıklığında sürdüren gerçek Hristiyanlar'la iletişime geçtim. Bu sırada Derek Prince, Charles Simpson ve daha birçok hizmet gruplarının öğretileriyle tanıştım. Yalnız bir kadın olarak Tanrı'ya şöyle dua ediyordum: Sana en iyi şekilde hizmet edebilmem için, bana ayırdığın yerde beni yetkin altına al ve Krallığının gelişine beni hazırla.

Dualarım yıllar sonra hiç ummadığım bir şekilde, Tanrı beni Derek'in eşi, onun yeni "yardımcısı" (Yaratılış 2:18) olarak seçtiğinde cevap buldu. Derek'in ilk eşi Lydia, kocası için yaşadığı hayatı ve Kudüs'teki başarılı hizmetini bırakan olağanüstü bir kadındı. Derek, onunla 1946 yılında evlendiğinde, Lydia kendi kurduğu hizmeti yürüten saygıdeğer bir ruhsal önderdi.[1]

---

[1] Lydia'nın etkileyici hikayesi "Kudüs'te Randevu" kitabında Derek tarafından, 1975 yılında ölümünden önce anlatılmıştır. 30. yıldönümü baskısı Whitaker House'dan temin edilebilir.

Bununla birlikte, sahne arkasında kalıp gerçek bir hayat arkadaşının üstlenebileceği tüm rolleri de (şefaat etmek, ev işleri, destek olmak) severek kabul etmişti.

Derek'i daha yakından tanımaya başladığımda, öğretisini kendi hayatında yaşama şeklinden çok etkilendim; "ne vaaz ediyorsa onu yaşıyordu." Tanrı'nın halkının ihtiyaçları için verdiği başarılı hizmetinin köklerinin, aslında Lydia ile paylaştığı otuz yıllık ilişkisine ve bu ilişkinin Rab'le birlik içinde olmasına dayandığını görmeye başladım.

Evlilik Antlaşması kitabındaki malzemelerin birçoğu ben Derek'in hayatına girmeden önce şekillenmişti. Gerçi, aynı dönemde, ben onun hizmetinden ve öğretisinden tamamen habersiz Kudüs'te yaşarken, Kutsal Ruh antlaşmanın gerçek anlamıyla ilgili benimle konuşuyordu. Çalışmalarım beni Yaratılış Kitabı'nın 15. bölümüne yönlendirdi. İbrahim'in Tanrı ile derin, kişisel ve hayat değiştiren bir ilişki kurarak yaşadığı deneyimi anlamaya başladım (Bu ilişki öylesine derindir ki, hala Tanrımız'dan bahsederken "İbrahim'in Tanrısı" diyoruz). Onunki tamamen adanmış bir yaşamdı.

Bu arada, Mesih'in bedeninde kadının rolü hakkında da kafa yoruyordum. Tanrı'nın Havva'yı sadece Adem'in ihtiyaçlarının karşılanması için yarattığını ve bir adamın Tanrı'nın seçtiği eşi olmadan tamamlanmadığını gördüm. Bana öyle geliyor ki, çağdaş Batı toplumunda ve birçok kilisede çok fazla sayıda kadın yaratılış amaçlarına aykırı şekilde bir şeyler yapmaya (genellikle bağıra çağıra) çabalıyorlar (hayatta bağımsız ve yalnız varlıklar olarak başarılı olma gayreti gibi). Yıllarca bir iş kadını olarak ben de bu gayret içindeydim. Ama İsa'yla ilişkiye girdikten sonra hayatımın yönü değişti. Evlilik antlaşmasını önemsemediklerinde kaybedenlerin aslında kadınlar olduğunu görmeye başladım (Tanrı'nın kendileri için seçtiği eşlerle birlikte öngördüğü bütünlüğe ulaşamayan erkeklerle birlikte).

Her erkek ve her kadın için ideal eşi bulmanın imkansız olduğunun farkındayım. Ayrıca, imansız biriyle adil olmayan şartlarda aynı boyunduruğun altına girmektense, Rab'le yalnız kalmak çok daha iyidir. Birçok insan için bekârlık dışında bir seçenek yoktur. Benim de hiç yabancısı olmadığım bekârlık yaşamının niteliğini, Tanrı ve diğer Hristiyanlar'la ilişkinin kalitesi belirler. Kilit kelime adanmışlıktır (Tanrı'ya,

O'nun hayatınızdaki iradesine ve Mesih'in bedeninde bağlı olduğunuz parçaya).

Bu kitabın ilk basımının Derek'le hayatlarımızı evlilik antlaşmasıyla birleştirdiğimiz zamana denk geldiğini söylemeliyim. Aynı zamanda ben onun ABD'deki işleriyle ilgili bedenin parçasıyla, o da benim Yeruşalim'de ait olduğum bedenin parçasıyla birleşiyoruz. İkimiz de birbirimiz için hayatlarımızdan vazgeçerek, İsa'nın egemen olduğu yeni bir mevcudiyete girebilelim diye Tanrı'nın bizim için önceden kutsadığı plana itaat ettiğimize inanıyoruz.

Ruhsal hayattaki her şeyde olduğu gibi, bunda da gün be gün ilerlememiz gerektiğini biliyoruz. Ben bu kitabın sadece kalıplar içermediğine, aynı zamanda bize bunu nasıl yaşayacağımıza dair pratik bilgiler verdiğine de inanıyorum. Erkek ya da kadın, bu kitaptaki ilkeleri hayatında uygulayan her birinizin Tanrı'yla ve O'nun halkıyla antlaşma ilişkisi içinde, Tanrı'nın öngördüğü tamamlanmaya ulaşması için dua ediyorum.

Ruth Prince – 1978

BİRİNCİ BÖLÜM

EVLİLİK BİR ANTLAŞMADIR

Başarılı bir evliliğin sırrı var mıdır? Neden bazı çiftler başarılı da bazıları başarısızdır? Bunu değiştirmenin bir yolu var mıdır?

Bir şey kesindir: Eğer evliliğin bir sırrı varsa toplumumuzdaki milyonlarca çift bu sırra vakıf değildir. Son yıllarda Batı medeniyetindeki hemen her ülkede boşanma oranı dramatik bir biçimde artış göstermiştir. Amerika Birleşik Devletleri'nde yapılan bir araştırmaya göre her iki evlilikten biri boşanmayla sonuçlanıyor. 50 yıl önce Amerikan toplumunu tanıyan biri, böyle bir şeyin olabileceğini düşünemezdi.

Ancak evliliklerdeki bu boşanma oranı bize tüm hikayeyi anlatmamaktadır. Evliliklerin çoğu, sona ermeden önce sıkıntılı ve mutsuz bir dönemden geçer. Birçok evde ebeveynler ve çocukların açık bir çatışma ve uyumsuzluk halinde yaşadığı görülür. Bazı durumlarda ise oldukça sakin görünen ailelerin içinde acı, bağışlayamama ve kapanmamış yaralar bulunur. Bu durumda ruhsal ve duygusal olarak sorunların kesin nedeni belirlenemez.

Amerika'da her dört kişiden birinin psikolojik yardıma ihtiyacı olduğu ya da olacağı söyleniyor. Psikolojik destek veren kurumlar dolup taşarken, psikiyatristlere de yoğun talep bulunuyor. Bunun evlilik ve aile yaşamı üzerine doğrudan etkileri vardır. Çünkü genellikle zihinsel ve duygusal sorunlar, evdeki uyumsuzluk ve gerilimi arttırır. Böylece zihinsel ve duygusal karmaşanın en önemli belirtisi evliliklerde görülür. Bu da en önemli toplumsal sorunlardan birini ortaya çıkartır.

Bazı modern sosyologlar bu durumu kaçınılmaz pasif bir kabul etme biçimi olarak değerlendirirler. Hatta bazıları daha da ileriye giderek bugüne kadar oluşturulan aile kavramının bir "hata" olduğunu ve günümüz "gelişmiş" dünyasında yerinin olmadığını dile getirirler. Bu görüşü savunan sözde uzmanlar, kendi hayatlarında mutsuz ailelere sahiptirler ve birden fazla mutsuz evliliğe imza atmışlardır. Bu nedenle bizler evliliğin demode ve gereksiz olduğunu düşünenleri Ezop masallarındaki tilki olarak düşünebiliriz. O masalda da tilki, lezzetli üzümlere ulaşabilmek için birçok deneme yaptı ancak başarısız olunca "Neyse muhtemelen zaten o üzümler ekşiydi" dedi.

Bu karmaşık ve çelişkili görüşler karşısında kısa ve net bir şekilde kendi kanaatlerimi dile getirmek istiyorum. Başarılı evliliğin bir sırrı olduğuna inanıyorum. Ayrıca bu sırrın Kutsal Kitap'ın sayfalarında olduğunu düşünüyorum. Bu sırrı anlatırken kendi kişisel geçmişim konusunda bilgi vermem uygun olacaktır. Bu konuyu ele almak için kendi bilgilerim ve niteliklerimden bahsetmem gerekebilir.

Kişisel Özgeçmiş

İngiltere'nin en ünlü iki eğitim kurumu olan Eton Koleji ve Cambridge Üniversitesi'nde eğitimimi tamamladım. II. Dünya Savaşı'ndan önce felsefe üzerine bir kariyer yapıyordum. 1940'da King's College, Cambirdge'de bir burs kazandım. Fakat II. Dünya Savaşı eğitim hayatımı kesintiye uğrattı.

1941 yılında İngiliz Ordusu için bir hastanede görevli olarak çalışırken, Tanrı ile hayatımı tamamen değiştiren bir deneyim yaşadım. Bu deneyim, hayatımın önceki döneminde yer alan felsefe kuramlarının ve önyargılarının dışında gerçekleşti. Bu karşılaşmada ortaya çıkan iki sonuç dışında hayatımı değiştirmem için bir neden yoktu. İlk olarak, İsa yaşıyordu ve ikinci olarak da Kutsal Kitap'ta yazılanlar doğruydu ve Kutsal Kitap güncel bir kitaptı. Bu iki sonuç hayatımı kalıcı olarak kökten değiştirdi.

1946 yılında Kudüs'teyken Danimarkalı bir bayan olan Lydia Christensen ile evlendim. Lydia, bulduğu küçük kızlarla yaşayan bir 'anne'ydi. Lydia ile evlenmemin ardından bir anda 8 kızım oldu (6'sı İsrailli, 1'i Arap ve biri de İngiliz). O sırada Kudüs'teki İbrani Üniversitesi'nde iki yıldır eğitim görüyordum. Lydia, ben ve 8 kızımız İsrail devletinin kuruluşu sırasında Kudüs'te yaşamaya devam ettik. Böylece bir aile olarak kuşatma, kıtlık ve savaşın acı gerçekleri ile yüz yüze geldik. Daha sonra ailece İngiltere'ye taşındık.

Bunu izleyen yıllarda, çeşitli ülkelerde çeşitli görevler üstlendim; İngiltere'de bir pastör olarak, Kenya'da eğitimci olarak, Avrupa'da Kutsal Kitap öğretmeni ve konuşmacı olarak, Kanada, ABD, Yeni Zelanda, Avustralya ve diğer ülkelerde de pek çok görevde bulundum.

Yaptığım bu seyahatlerin hepsinde Lydia yanımdaydı. Bazen vaizlik yaptığımızda insanlar gelir ve bize "İki kişisiniz ancak tek bir kişi gibi çalışıyorsunuz" derlerdi.

Kenya'dayken Lydia ve ben 9. çocuğumuz olan Afrikalı küçük bir bebeği evlat edindik. 9 kızımızı da düzgün yetiştirmeyi başardık. Bu yazıyı yazarken tüm çocuklarımız evlendi ve bize birçok torun verdiler.

30 yıllık evliliğimiz Lydia'nın vefatı nedeniyle sonlandı. Bizim birlikte geçirdiğimiz hayat açık bir kitap gibi olmuştur. Bu sadece bizim çocuklarımız için değil, danışmanlığımızı ve dua etmemizi isteyen ve evimize gelen herkes için böyledir. Şu durumda kim bizim evliliğimizin mutlu ve başarılı olmadığını söyleyebilir ki... Her 'normal' çiftin evliliği sırasında gerilimler ve sorunlar olmaktadır. Tüm çiftler bunu yaşamıştır. Ancak başarılı bir evliliğin sırrı, gerilimler ve sorunların olmaması ile bağlantılı değildir. Mutlu evliliğin sırrı, eşlerin bu sorunları nasıl özel hale getirebildiğindedir.

Devam eden sayfalarda size böyle bir ilişkiyi nasıl inşa edebileceğinizin sırlarını vereceğim. Bu aşamada hayatımla ilgili somut örnekler vermenin, teoride verilecek bilgilerden daha iyi olacağını düşünüyorum.

Bunu yazarken yeniden evlendiğimi de söylemem gerekiyor. Rastlantıya bakın ki, ikinci eşim Ruth'u da birinci eşim gibi Kudüs'te tanıdım. Bu ikinci evliliğimde Ruth'la ben Kutsal Kitap'ta bildirilen şartları yerine getirdikçe, Tanrı'nın bu evliliği de bereketleriyle dolduracağına güveniyorum. [2]

Evlilik Bir "Sır"dır

Efesliler 5:22-32'de Pavlus, evlilik konusunda Hristiyanca bakış açısını açıklar. Sözlerini şöyle bitirir: *"Bu sır büyüktür..."* (ayet 32). Böylece evliliğin bir sır olduğunu kabul eder. Pavlus'un zamanındaki "sır" kelimesi günümüzün kullanımından farklı bir anlama sahipti. Dini bir anlamı vardı. Sır, değerli yararları olan bir tür bilginin var olduğunu ama dinsel uygulamaları aracılığıyla birbirlerine bağlı olan özel bir gruba

---

[2] Not: Derek ve Ruth 1998 yılında Ruth'un vefat edişine kadar mutlu bir evlilik yaşadı. Birlikte, Büyük Hizmet uyarınca dünyayı dolaştılar (çevirmenin notu: Bu terim Matta 28:16-20'da yer alan İsa Mesih'in sözlerinden yola çıkarak Protestanlar'ın yaptığı hizmete verilen addır).

has olduğunu ifade ediyordu. Bu bilgilere sahip olmak için bazı şartları yerine getirerek gruba katılmak lazımdı.

Böylece Pavlus'un evlilik ilişkisini tanımlamak için "sır" sözcüğünü kullanışı iki şeyi önerir: Birincisi, evliliği olması gereken şey haline getiren gizli bir bilgi türü olduğu; ikincisiyse kişinin bu gizli bilgiyi ancak belirli sınanmalardan geçerek ve bazı şartları yerine getirerek edinebileceği. Bu kitabın amacı bu denemelerin ve şartların neler olduğu hakkında, okuyanlara bilgi vermektir.

Kutsal Kitap'ın "Yasanın Tekrarı" bölümünde İsrailoğulları, kendilerine miras olarak vaat edilmiş olan Kenan diyarına girmeye hazır olduklarında, Musa kendilerine Tanrı'nın yeni çevrelerinde uygulamalarını istediği yaşam tarzını özetledi. Tanrı'nın sözcülüğünü yaparak eğer Tanrı'nın yasalarını yerine getirirlerse yaşamlarının her alanında bereketlenip kutsanacakları hakkında onlara söz verdi. Musa, özellikle aile yaşamlarının *"yeryüzündeki cennet"* (Yasanın Tekrarı 11:21) olacağını söylemişti. Doygunluk ve bozulmayan uyuma sahip olacaklarını çok güzel bir şekilde dile getirmişti. Tanrı'nın planladığı evlilik ve aile yaşamı işte bu kadar yüksek bir düzeydeydi.

Bundan bin iki yüz yıl sonra Tanrı, peygamber Malaki aracılığıyla kendilerine miras olarak verilen yere girdiklerinden beri yaptıkları üzerinde bir değerlendirme yaptı. Genelde Tanrı'nın yapmalarını istediği şeyleri yapmamış ve bu yüzden O'nun kendileri için planlamış olduğu yaşam düzeninin tadını çıkaramamışlardı. Tanrı değerlendirmesinde başarısızlığa neden olan birkaç kesin alanı onlara gösterdi. Bunlardan bir tanesi aile yaşamları, özellikle de evlilikleriydi. Tanrı'nın bu konuda söylediklerine bakalım:

"Yaptığınız başka bir şey var: RAB'bin sunağını gözyaşı seline boğuyorsunuz. Ağlayıp sızlanıyorsunuz. Çünkü RAB artık getirdiğiniz sunulara ilgi göstermiyor, onları elinizden beğeniyle kabul etmiyor. 'Neden?' diye soruyorsunuz. Çünkü RAB seninle gençken evlendiğin karın arasında tanıktır. O yoldaşın ve evlilik antlaşmasıyla karın olduğu halde ona ihanet ettin" (Malaki 2:13-14).

İsrail'in bu alandaki başarısızlığı dine sahip olmamalarından ötürü değildi. *"Rab'bin sunağını gözyaşı seline boğuyorlardı."* Buna karşın, bütün dualarına rağmen evlilikleri başarısızdı. Bizler de günümüzde sık sık aynı durumla karşı karşıya geliyoruz. İnsanlar dinsel etkinliklerle çok meşgul olabilir ama evliliklerini başarılı kılamayabilirler. Dinleri ev hayatlarında başarılı olmalarına yardımcı olmaz. Gerçekten de eşlerden biri ya da her ikisinin evin dışında dinle fazlasıyla meşgul olması bazen evlilikteki başarısızlığın önemli bir nedenidir.

Malaki 2:14'te kapanış sözü İsrail'in başarısızlığının özetini içerir: (...) *Evlilik antlaşmasıyla karın olduğu halde* (...) İsrail halkı, evliliği kendi standartlarını koyabilecekleri, kendi istedikleri şekilde başlayıp bitirecekleri bir ilişki olarak görmeye başlamıştı. Ancak Tanrı, evliliği çok daha farklı bir şekilde gördüğünü onlara hatırlatmaktadır. Tanrı'nın değişmez amacına göre, evlilik bir antlaşmadır. Evlilik ilişkisinin başarısını sağlayan tek sır budur. Bu sır unutulduğunda, görmezlikten gelindiğinde, evlilik kaçınılmaz bir şekilde kutsallığını ve bu yüzden de gücünü ve dayanıklılığını yitirir. Günümüzde gördüklerimizin çoğu, Malaki'nin zamanındaki İsrail'le yakın bir paralellik içindedir ve bunun kökündeki neden aynıdır: Evliliğe yanlış bir açıdan bakmak.

İsa'nın Evlilik Standardı

Malaki'den sonra bize ulaşan daha büyük bir vahiy, İsa aracılığıyla gelir. İsa'nın evlilik hakkındaki öğretisinin özü, Ferisiler'le arasında geçen bir konuşmada kaydedilmiştir:

"İsa'nın yanına gelen bazı Ferisiler, O'nu denemek amacıyla şunu sordular: 'Bir adamın, herhangi bir nedenle karısını boşaması Kutsal Yasa'ya uygun mudur?' İsa şu karşılığı verdi: 'Kutsal Yazılar'ı okumadınız mı? Yaradan başlangıçtan 'İnsanları erkek ve dişi olarak yarattı' ve şöyle dedi: 'Bu nedenle adam annesini babasını bırakıp karısına bağlanacak, ikisi tek beden olacak.' Şöyle ki, onlar artık iki değil, tek bedendir. O halde Tanrı'nın birleştirdiğini, insan ayırmasın.' Ferisiler İsa'ya, 'Öyleyse' dediler, 'Musa neden erkeğin boşanma belgesi verip karısını boşayabileceğini söyledi?' İsa onlara, 'İnatçı olduğunuz için Musa karılarınızı boşamanıza izin verdi' dedi. 'Başlangıçta bu böyle değildi. Ben size şunu söyleyeyim, karısını fuhuştan başka bir nedenle boşayıp başkasıyla evlenen, zina etmiş olur. Boşanan kadınla evlenen de zina etmiş olur'" (Matta 19:3-9).

Damdaki Kemancı filminde, haham genç öğrencisine Yahudi Hukuku'nu öğretiyordu. Filmin bir yerinde, diğer şeylerin yanı sıra, haham eğer bir kadın keki yakarsa bunun bir boşanma gerekçesi olduğunu söyler. Yahudi hukukunda bir erkeğin karısını ne zaman ve nasıl boşayabileceği ile ilgili buna benzer birçok yasa bulunur.

İsa, evlilik ile ilgili konuştuğunda, hiçbir zaman Yahudi standartlarını kabul etmez. O her zaman Tanrı'nın evlilikle ilgili orijinal yasasını kabul eder. Sözlerine *"başlangıçta"* diyerek başlar. İbranicede Yaratılış Kitabı *'Başlangıçta'* diye adlandırılır. İsa, bu sözleri söylediğinde kendisine soru soranları Yaratılış Kitabı'na yönlendiriyordu. O'nun öğretisinde basitçe kadın ve erkeğin ilk birleşmesi temel alınıyor. O asla, zamanın Yahudi görüşlerini değil, Babası'nın Aden Bahçesi'nde oluşturduğu orijinal planı ilke edindi.

İsa'nın bu bölümdeki öğretisini dört cümleyle özetleyebiliriz:

1- Yahudiler'de, İsrail'de kabul edilmiş olan evlilik biçimi zamanla Tanrı'nın isteğinden çok daha alt bir seviyeye indi.

2- Tanrı evlilik için öngördüğü gerçek amacı, erkekle kadını yarattığında göstermişti.

3- Erkekle kadın ilk birleşmelerinde birbirleriyle öylesine kusursuz bir biçimde birleşmişlerdi ki, bir bakıma kendi farklı kişiliklerini kaybedip "bir beden" olmuşlardı.

4- İsa'nın amacı, imanlıların hayatında evliliğin yaratılışta açıklanmış özgün standarda uymasını sağlamaktı.

Yaratılış 1. ve 2. bölümlerde Adem ve Havva'nın yaratılışı ve birleşmelerinin anlatımında bir etken vurgulanmıştır. Tanrı'nın Kendisi doğrudan ve kişisel olarak olayın içindedir. Adem'in bir eşe sahip olması Adem'in değil, Tanrı'nın kararıydı. Havva'yı Adem için yaratan Tanrı'ydı. Onu Adem'e sunan O'ydu.

Bu yüzden Eski Antlaşma boyunca evliliğin bir antlaşma ilişkisi olarak görüldüğünü söylemek doğru olur. Ancak Yahudiler'de gelişen kavram, yaratılışta görülen standarttan daha düşük bir düzeydeydi. Yahudiler'de antlaşma ilişkisi, yalnızca yatay bir bakış açısından ele alınıyordu; yani yalnızca kadınla erkek arasındaki ilişki söz konusuydu. Ama yaratılışta kurulan antlaşma ilişkisinin, yatay ve dikey olmak üzere iki boyutu vardı. Yatay olarak Adem'le ve Havva'yı birbirine bağlıyordu; dikey olarak her ikisini birlikte Tanrı'ya bağlıyordu.

Üç Kat İplik

Vaiz bölümünde evliliğin bu iki düzeyi arasındaki fark mecazi bir şekilde dile getirilmektedir.

"İki kişi bir kişiden iyidir, Çünkü emeklerine iyi karşılık alırlar. Biri düşerse, öteki kaldırır. Ama yalnız olup da düşenin vay haline! Onu kaldıran olmaz. Ayrıca iki kişi birlikte yatarsa, birbirini ısıtır. Ama tek başına yatan nasıl ısınabilir? Yalnız biri yenik düşer, ama iki kişi direnebilir. Üç kat iplik kolay kolay kopmaz" (Vaiz 4:9-12).

Süleyman'ın bu konudaki temel ilkesi olan, *"İki kişi, bir kişiden iyidir"* sözü, Tanrı'nın Adem'e bir eş sağlama nedeni olan, *"Adamın yalnız olması iyi değildir"*le (Yaratılış 2:18) denkleşir. Süleyman, bu ilkeyi çok açık bir biçimde canlandıran üç örnek vererek sözlerine devam eder: Düşerlerse biri arkadaşını kaldırır; iki kişi beraber yatarlarsa ısınırlar; iki kişiye saldırılırsa kendilerine saldırana birlikte karşı koyarlar. Ama Süleyman'ın verdiği son örnek değişiktir: *"Üç kat iplik çabuk kopmaz."* Bu durumda sağlanan kuvvet sadece iki kişinin bir arada olmasından değil üç kişinin bir arada olmasından kaynaklanır.

Süleyman'ın verdiği örnekleri, Yahudiler'deki evlilik kavramıyla, yaratılışta Tanrı'nın kendisi tarafından başlatılan evlilik kavramı arasındaki farkı göstermek için kullanabiliriz. Süleyman'ın "ikisi birlikte" şeklindeki üç örneği insani düzeydeki evlilik kavramını, sadece erkekle kadın arasındaki yatay ilişkiyi gösterir. Ama Süleyman'ın dördüncü örneği olan *"üç katlı iplik"* yaratılışta belirlendiği şekliyle, erkek, kadın ve Tanrı olmak üzere üç kişiyi bağlayan ilişkiyi anlatmaktadır. Erkekle kadın arasındaki ilişki hâlâ insani düzeydedir; ama Tanrı ilişkiye katıldığında ilişkiye yepyeni bir boyut kazandırır. Evliliğin çok önemli bir parçası haline gelir.

İsa'nın öğretisinin en devrimci yönlerinden biri, O'nun evlilik standardıdır. Bu öğreti, Tanrı'nın özgün planından başka hiçbir şeyi kabul etmiyordu. Bu nedenle, Süleyman'ın *"üç katlı iplik"* örneği sadece yaratılışta konulan evlilik kalıbını örneklemekle kalmaz, Mesih'e olan imanları aracılığıyla birleşmiş olan Mesih'e inananlar için de evliliğin nasıl olması gerektiğini doğru bir şekilde gösterir. İpliğin üç katı, erkek, kadın ve Tanrı'dır. Onları birbirinden ayrılmaz bir biçimde bağlayan ilke *antlaşmadır*. Süleyman'ın bu şekilde oluşturulan iplik hakkında söyledikleri bugün de geçerlidir: *"Çabuk kopmaz."*

Bir süre önce Yeni Zelanda'da, üç katlı iplik örneğini kullanarak Hristiyan evliliğinden söz ediyordum. Konuşmamın sonunda bir adam yanıma gelip kendini tanıttı: "Ben profesyonel bir iplik imalatçısıyım" dedi. "Benim işim iplik yapmaktır. Söylediklerinizin uygulamada tamamen doğru olduğunu söylemek istiyorum. En kuvvetli iplik, üç katlı olanıdır" dedi.

Sonra bana açıklamada bulundu: Hepsi birbirine dokunabilen en yüksek iplik sayısı üçtür. Eğer bir tanesini alır ve sadece iki tanesini bırakırsanız ipliği zayıflatırsınız. Ama bir kat daha ekler ve onu dört kat yaparsanız ipliği daha da kuvvetlendirmiş olmazsınız çünkü böyle olduğunda bütün katlar artık birbirine dokunmamaktadır. Üç katlı bir ipliğiniz varsa, katlardan biri ya da ikisi gerginlik altında olduğunda yıpranır. Ama üçüncü kat tuttuğu müddetçe iplik kopmaz.

Bu iplik imalatçısının açıklaması, Hristiyan evliliğini üç katlı bir iplik olarak öylesine canlı bir şekilde aklıma soktu ki, bu konuyu günlerce derin derin düşündüm. Kafamda ipliğin büyük bir gerginlik altında olduğunu ve ipliğin katlarından ikisinin yıpranmaya başladığını görebiliyordum. Ama üçüncü kat, gerginlik geçip iki yıpranmış kat tamir olana dek kuvvetli kalıyordu.

Kendi kendime, *"Gerçekten de Hristiyan bir evlilikte bu aynen böyle"* dedim. *Evlilikte hem erkek hem de kadının zayıflayıp artık dayanamadıklarını hissettikleri zamanlar gelir. Ama Tanrı'nın kendisi, o üçüncü kattır ve gerginlik geçip, erkekle kadın tekrar eski güçlerine kavuşana kadar, O tutmaya devam eder.*

Hristiyan evliliğini üç katlı iplikle kıyaslarken, katları birbirine ören ve birlikte tutan ilkenin antlaşma olduğunu söylemiştik. Bunun antlaşmayı başarılı bir evliliğin gerekli bir öğesi yaptığı kesindir. Ve antlaşma Kutsal Kitap'ın ana konularından biri olduğu halde, günümüzde çoğu Hristiyan tarafından fazla anlaşılmayan bir şeydir.

Bu yüzden ikinci bölümde antlaşmayı Kutsal Kitap'ta açıklandığı biçimiyle inceleyeceğiz. Sonra üçüncü bölümde antlaşmanın bir erkekle bir kadını evlilikte birleştirip bir arada tutmasının uygulamada nasıl olduğunu açıklayacağız.

Dördüncü bölümde Tanrı'nın size evlenmek için vereceği kişiyi nasıl bulacağınızı konuşacağız.

Beşinci ve altıncı bölümlerde antlaşmanın çok önemli iki başka ilişkide de nasıl bağlayıcı güç işlevini gördüğünü inceleyeceğiz: Önce Tanrı'yla Hristiyan birey arasındaki ilişki ve sonra da Hristiyanlar'ın birbirleriyle olan ilişkileri.

Son olarak adı "Karar Noktası" olan yedinci bölümden ilişkilerini bu kitapta açıklanan ilkelerle aynı standarda sokma ihtiyacını hissedenler için uygulanabilecek öğütler vereceğiz.

İKİNCİ BÖLÜM

ANTLAŞMANIN DOĞASI

Bir antlaşmada evliliğe başka hiçbir şeyin sağlayamayacağı gücü ve dayanıklılığı veren şey nedir? Antlaşmanın temel öğesi nedir?

Kutsal Kitap'ın kıskançlıkla korunan sırlarından biri de antlaşma kavramıdır. Bu kavram, Tanrı'nın dikkatsizlerin önüne atmayacağı bir "inci"dir (Matta 7:6). Tanrı'nın saf ve temiz olmayanlar için örtüsünü açmayacağı kutsal bir şeydir.

Mezmurlar 25:14'te Davut, *"Rab kendisinden korkanlara sırrını açıklar, onlara antlaşmasını bildirir"* der. Bu nedenle antlaşmanın sırrına, Tanrı'ya saygı dolu bir korkuyla yaklaşılmalıdır. Bu sır, ona başka herhangi bir tutumla yaklaşanlara gösterilmez.

Dahası, antlaşmayı anlamak için Kutsal Kitap'ı iyice ve dikkatli bir şekilde çalışmak gerekir. Bu, zaman ve konsantrasyon isteyen bir iştir.

Süleyman'ın Özdeyişleri 2:4'te Süleyman, anlayış ve sezgi isteyenlerin *"onu gümüş arar gibi ve define araştırır gibi aramalarını"* söylemiştir. Bu, büyük bir çaba anlamına gelir. Toprağın hazinelerini yüzeysel bir gözlemciye vermemesi gibi, Kutsal Kitap da antlaşmayı gerçekten anlamayı, sadece yüzeyin altına inen ve bu işe zaman ayırarak araştırıp inceleyenlere sunar.

Bunu, bu bölümde öğrenmeye başlayacağımız antlaşmaya giriş olması için söylüyorum. Önceleri biraz zor ve zahmetli bir şey gibi görünebilir. Ama sabır ve çalışkanlıkla ardından gidersek sonunda sonsuz değerdeki hazinelerini bize verecektir. Bunlar önümüzdeki bölümlerin konuları olacaktır.

Antlaşmanın Tanımı

Kutsal Kitap'ta antlaşma için kullanılan iki temel sözcük vardır. İncil'de kullanılan eski Yunanca sözcük *diatheke*dir. Eski Antlaşma'da kullanılan İbranice sözcük ise *b'rit* (ya da *b'rith*)dir. Bu İbranice sözcük, çok ünlü bir Yahudi organizasyonunun adında yer alır. Organizasyonun adı *B'nai B'rith*'tir ve anlamı "Antlaşmanın Çocukları"dır. Bu sözlerin her biri eski Yunanca *diatheke* ve eski İbranice *b'rit* İncil'in Türkçe çevirisinde[3] bazı ayetlerde *"antlaşma"*, bazı ayetlerde ise *"vasiyet"* olarak geçer. Yani hem eski Yunancada, hem de eski İbranicede tek bir anlama gelen bu sözcük, Türkçeye çevrilince birbirinden farklı gördüğümüz iki ayrı sözcüğün karşılığı oluyor.

Kendi dilimizde "antlaşma" ve "vasiyet" eşanlamlı sözcükler sayılmaz. Vasiyet bir kimsenin ölümünden sonra yapılmasını istediği şeyleri belirtmek için yazdığı bir belgedir. Bu belge (Kutsal Kitap'ta belirtildiği gibi) sadece onu yazmış olan kişinin ölümünden sonra yürürlüğe girebilir (Bkz. İbraniler 9:16-17). Diğer taraftan antlaşma ise bir kişinin ölümüyle ilgili olan bir belge değildir. Kendi dilimizde birbirinden farklı bildiğimiz bu iki sözcük Kutsal Kitap'ta tek bir sözcükle karşılanır. Hem eski Yunancada, hem de eski İbranicede *antlaşma* kavramını *vasiyet* kavramından ayırt eden ikinci bir sözcük yoktur. Kutsal Kitap'ta antlaşma vasiyet, vasiyet ise antlaşmaydı.

---

[3] Çevirenin Notu: Yazının orijinalinde "İngilizce çevirisinde" denmektedir. Ancak dilimize çevrildiğinde de durum değişmemektedir.

Kutsal Kitap'ın bize Eski Antlaşma ve Yeni Antlaşma olmak üzere iki "antlaşma" halinde geldiğini hepimiz biliyoruz. Bununla birlikte "antlaşma" yerine "vasiyet" sözcüğünü kullanırsak, yani Yeni Vasiyet ve Eski Vasiyet olarak kullanırsak da anlatılmak istenen açıklanmış olacaktır. Kutsal Kitap'ın neden böyle düzenlendiğini daha iyi anlayabileceğimizi umarım. Tanrı'nın insana verdiği yazılı vahyin tümünün iki antlaşma biçiminde olması çok önemli bir gerçektir. Hatta şöyle diyebiliriz: Antlaşma kavramını anlamadan Tanrı'nın bize verdiği hiçbir vahyi anlayamayız. Eğer antlaşmanın nasıl bir şey olduğunu kavrayamazsak Tanrı'nın mesajını anlamayı nasıl umabiliriz?

Öyleyse *"antlaşma"* sözcüğünün anlamı nedir? Kesin ve basit bir tanımda bulunmak kolay bir şey değildir. İbranicede *b'rit* olan sözcüğün kök anlamının bağlamak olduğu öne sürülmüştür ama bu kesin değildir. Ancak bir antlaşmanın insanları bağladığı kesin bir şeydir. Yunancadaki *diatheke* sözcüğünün kök anlamı, "bir şeylere gerekli düzeni vermek"tir. Böylece kesin bazı şartlar koyar. Eski İbranicedeki *b'rit*'ten daha yasal bir anlam taşır.

Kutsal Kitap'ta iki değişik türde antlaşma görmekteyiz. Bunlardan biri yatay düzeydedir; yani iki insan arasındaki bir antlaşmadır. Bu tür bir antlaşma, "kontrat" gibi bir şeydir. Örneğin 1. Krallar 5:12'de Süleyman, Sur Kralı Hiram'la bir antlaşma yapmıştı (bir başka çeviride bu ayette geçen *b'rit* sözcüğü "ittifak" olarak tercüme edilmiştir). Bu antlaşma aracılığıyla Süleyman ve Hiram kendilerini karşılıklı bir dostluğa adadılar ve Hiram'ın Süleyman'a tapınağın inşasında malzeme ve işçilik sağlamasının şartlarını belirlediler.

Bu tür bir antlaşma sadece insani bir düzeyde (iki kral arasında) olduğu halde, Tanrı daha sonra peygamber Amos aracılığıyla Sur krallığı üzerine yargısını yollayacağını bildirdiğinde bunun için öne sürdüğü nedenlerden biri, onların *"kardeşler antlaşmasını hatırlamaması"* (Amos 1:9) yani Süleyman'la Hiram arasında yapılan antlaşmayı hatırlamamalarıydı. Böylece insani düzeyde bile, Tanrı'nın bir antlaşmanın bozulmasını çok ciddi ve suçlu olanın üzerine yargı getirecek bir şey olarak gördüğünü anlıyoruz.

Antlaşma: Bir İlişkinin Temeli

Ancak bunun ötesinde Kutsal Kitap'ta antlaşmanın esas kullanılış biçimi sadece yatay düzeyde iki insan arasındaki bir antlaşma değil, Tanrı'nın kendi isteği ve gücü dışında hiçbir etki olmaksızın insanla başlattığı ve her iki tarafın aynı düzeyde olmadığı bir ilişkidir. Gerçekte, antlaşma Tanrı'nın kendi gücüyle, kendi isteğiyle, kendi seçimi ve kararıyla başlattığı bir ilişkiyi dile getirir. İnsanla girmeye hazır olduğu o ilişkinin şartlarını Tanrı kendisi belirler. Bunu tamamen Tanrı'nın başlattığını ve şartları sadece Tanrı'nın koyduğunu vurgulamamız gerekir. İnsanın üzerine düşen, sadece Tanrı'nın antlaşma teklifini kabul etmek ve antlaşmanın kendisiyle birlikte getirdiği ilişkiyi kabul etmektir. Şartları insanlar koymaz ve ilişkiyi de hiçbir zaman insan başlatmaz. Antlaşmanın bu yönünü anlayabilmek için biraz "presbiteryen" ya da "kalvinist" olmanız gerekir. Tarihsel olarak antlaşmayı her zaman özel olarak vurgulayan, Protestanlığın "kalvinist" akımı olmuştur. Bunu yaparak çok önemli olan bir gerçeği korumuş oldular. Antlaşma kavramının Kutsal Kitap'a dayalı anlamını kavramadıkça Tanrı'yla olan ilişkimizi tamamen anlayamayacağımızı söyleme cesaretini gösterebilirim.

Sonuç olarak, Tanrı'nın insanla kurduğu her kalıcı ilişki bir antlaşmayı temel alır. Tanrı, antlaşmanın dışında hiçbir kalıcı ilişkiye girmez. Mezmur 50:1-5'te Mezmur yazarı, Rab'bin çağın sonunda halkını toplamak için güç ve görkemle geleceğiyle ilgili peygamberlikte bulundu. Bu şekilde, Tanrı'nın halkı olarak kabul ettiklerinin kimler olduğunu çok açık bir şekilde tanımladı:

"Güçlü olan Tanrı, RAB konuşuyor; güneşin doğduğu yerden battığı yere kadar (Bu, bütün dünyaya bir çağrıdır) *yeryüzünün tümüne sesleniyor. Güzelliğin doruğu Siyon'dan parıldıyor Tanrı. Tanrımız geliyor, sessiz kalmayacak, önünde yanan ateş her şeyi kül ediyor, çevresinde şiddetli bir fırtına esiyor.* (Bu, Rab'bin güç, görkem ve yargıyla gelişi hakkında çok açık bir peygamberliktir.) *Halkını yargılamak için yere göğe sesleniyor* (Bu, Tanrı'nın halkının Mesih'in yargı tahtının önündeki yargılanmasıdır. İmansız olanların yargısı değil, inanlıların yargısıdır. Suçlayan bir yargı değil, ödül vermek için yapılan bir yargıdır.) *'Toplayın önüme sadık*

kullarımı, kurban keserek benimle antlaşma yapanlar'" (Mezmur 50:1-5).

Bu ayet bize, Tanrı'nın çağrısının kimlere yapıldığını bildiriyor.

Burada *"sadık kullarımı"* diye çevirisi yapılan sözcüğün İbranicede *hassid* sözcüğü olduğunu görüyoruz. Tevrat'a ve bütün Yahudi geleneklerine büyük titizlik ve özenle uymasıyla bilinen Yahudi mezhebi kendisine bu ismi vermiştir: *Hassidi* Yahudilik. Hassid, hayatı tamamen Tanrı'yla dolu ve O'na bağlı olan kişidir. Varlığını sadece Tanrı için sürdürür.

Ancak Mezmur yazarı burada *"sadık kullarımı"* dediği kişileri (gerçek hassidim'i) *"Kurban keserek benimle antlaşma yapanları"* daha da harfi harfine çevrilecek olursa "kurban aracılığıyla benim antlaşmamı kesmiş olanları" diye tanımlar. İbranicede antlaşma "yapmak" değil, antlaşma "kesmek" denir. Kesmek sözcüğü, akla kurbanı öldüren bıçağın hareketini getirir. "Benim" antlaşmam demek, Tanrı'nın kendisinin başlattığı antlaşma (sonsuz antlaşma) anlamına gelir. Kurban, Tanrı'nın antlaşma yaparken dikkate aldığı yegâne esastır. Kurban olmadan antlaşma olmaz.

1944 yılında, Kutsal Kitap'ı İbranice olarak çalışmaya ilk başladığımda Kutsal Ruh beni değişik bir şey yapmaya yöneltti. Mavi, yeşil ve kırmızı olmak üzere üç değişik renk boya kalemi aldım ve üç değişik temayı her biri için özel bir renkle boyamaya başladım. Temalar: antlaşma, kurban ve kan dökmekti. Maviyi antlaşma, yeşili kurban ve kırmızıyı da kan dökme teması için kullanıyordum. Bu şekilde yeni bir şey anladım. Bir yeri ne zaman maviyle boyasam aynı yeri yeşille de boyuyordum ve nereyi yeşille boyasam aynı yeri kırmızıyla da boyuyordum. Yani nerede bir antlaşma varsa orada kurban ve nerede bir kurban varsa orada kan dökmek vardır.

Bu durum, Mezmur 50:5'teki *"Kurban keserek benimle antlaşma yapanları"* diye sözü edilen Tanrı'nın halkının "O'na bağlı olanlar"ın tanımına uyuyor. Tanrı'yla kalıcı bir ilişkiye girmek için gerekli olan iki unsur vardır: Bunlar, bir antlaşma ve bir kurbandır. Bir antlaşma olmadan Tanrı'yla bir ilişki olamaz ve bir kurban olmadan da bir antlaşma olmaz.

Tarihsel olarak, İsa Mesih'teki yeni antlaşmadan önce insanların Tanrı'yla bir antlaşmaya girmelerinin yolu çok ilginçtir ve birçok insan bu konuyu iyi bilmez. Yeremya'da bundan söz edilir.

Bu İsrail'in tarihinde, Tanrı'dan uzaklaşmış ve Tanrı'yla olan ilişkilerinde asi oldukları bir dönemdi. Ayrıca Tanrı'nın kendilerine yasaklamış olduğu bir şeyi yapmışlardı. İsrailli kardeşlerini köle yapmışlardı. Tanrı, peygamber Yeramya aracılığıyla onları azarladığında tövbe etmiş gibi göründüler ve kölelerini özgür kılmak için bir antlaşma yapmayı kabul ettiler. Ama sonra günahlarına günah ekleyerek antlaşmalarını bozup kölelerini geri aldılar. Bu olayın bizi şu anda ilgilendiren tek yanı, antlaşmaya girmek için yaptıklarıdır. Bunun, İsrail'in tarihinde o andan çok daha öteye giden bir anlamı vardır. Yeremya'da Tanrı şöyle der:

"Antlaşmamı bozan, danayı ikiye ayırıp parçaları arasından geçerek önümde yaptıkları antlaşmanın koşullarını yerine getirmeyen bu adamları -Yahuda ve Yeruşalim önderlerini, saray görevlilerini, kâhinleri ve dana parçalarının arasından geçen bütün ülke halkını- can düşmanlarının eline teslim edeceğim. Cesetleri yırtıcı kuşlara, yabanıl hayvanlara yem olacak" (Yeremya 34:18-20).

Bu bizim antlaşma yapma anlayışımıza önemli bir katkıda bulunur. Antlaşma yapmak sadece bir kurban gerektirmekle kalmıyor, aynı zamanda kurbana özel bir şekilde davranılmasını da gerektiriyordu. Kurban olarak kesilen hayvan iki parçaya kesilip ayrılıyor ve bu iki parçanın arasında boşluk bırakılarak karşı karşıya yatırılıyordu. Sonra antlaşma yapan iki insan, kurbanın iki parçasının arasından geçiyordu. Bu şekilde antlaşmaya girmiş oluyorlardı.

Tanrı'nın İbrahim'le Antlaşması

Bir antlaşma yapmak için bu işlemi göz önünde bulundurarak şimdi Tanrı'nın Avram'la (ismi henüz İbrahim olmamıştı) nasıl antlaşmaya girdiğini tanımlayan Yaratılış 15:7-18'e bakacağız:

"Tanrı Avram'a, 'Bu toprakları sana miras olarak vermek için Kildaniler'in Ur Kenti'nden seni çıkaran RAB benim' dedi. Avram, 'Ey Egemen RAB, bu toprakları miras alacağımı nasıl bileceğim?' diye sordu. RAB, 'Bana bir düve, bir keçi, bir de koç getir' dedi, 'Hepsi üçer yaşında olsun. Bir de kumruyla güvercin yavrusu getir.' Avram hepsini getirdi, ortadan kesip parçaları

birbirine karşı dizdi. Yalnız kuşları kesmedi. Leşlerin üzerine konan yırtıcı kuşları kovdu. Güneş batarken Avram derin bir uykuya daldı. Üzerine dehşet verici zifiri bir karanlık çöktü. RAB Avram'a şöyle dedi: 'Şunu iyi bil ki, senin soyun yabancı bir ülkede, gurbette yaşayacak. Dört yüz yıl kölelik edip baskı görecek. Ama soyuna kölelik yaptıran ulusu cezalandıracağım. Sonra soyun oradan büyük mal varlığıyla çıkacak. Sen de esenlik içinde atalarına kavuşacaksın. İleri yaşta ölüp gömüleceksin. Soyunun dördüncü kuşağı buraya geri dönecek. Çünkü Amorlular'ın yaptığı kötülükler henüz doruğa varmadı.' Güneş batıp karanlık çökünce, dumanlı bir mangalla alevli bir meşale göründü ve kesilen hayvan parçalarının arasından geçti. O gün RAB Avram'la antlaşma yaparak ona şöyle dedi: 'Mısır Irmağı'ndan büyük Fırat Irmağı'na kadar uzanan bu toprakları -Ken, Keniz, Kadmon, Hitit, Periz, Refa, Amor, Kenan, Girgaş ve Yevus topraklarını- senin soyuna vereceğim'" (Yaratılış 15:7-18).

Bu metin, Rab'bin Avram'a Kenan diyarını kendisine miras olarak vereceğini vaat etmesiyle başlar. Avram buna bir soruyla yanıt verir: "Bu toprakları miras alacağımı nasıl bileceğim?" Buna yanıt olarak Rab, Avram'la bir antlaşma yapmaya başlar. Yani Tanrı, kendisinin verdiği bir sözün ne denli güvenilir olduğunu vurgulamak için antlaşmaya girer. Üstelik antlaşma yapılınca artık Tanrı'nın sözünü daha da güvenilir olması için yapılacak hiçbir şey yoktur, olamaz da. Çünkü antlaşma son ve bozulmaz garanti anlamına gelir. Tanrı, Avram'la antlaşma yaptıktan sonra artık gelecek zamanda konuşmaz. "Vereceğim" demez, "Veriyorum" der. Antlaşma, işi halletmiştir (nihai olarak ve sonsuza dek).

Rab'bin Avram'la girdiği antlaşmanın şekli Yeremya 34:18-20'de tanımlananla tam olarak aynıdır: Avram'ın kurbanlık hayvanları alıp kesmesi ve iki parçaya ayırması gerekiyordu. Sonra zamanı gelince Rab ve Avram kurbanın parçalarının arasından geçtiler. Bu tuhaf hareket aracılığıyla Rab Avram'la, bir adanmışlık ilişkisine girdi.

Şimdi bu işin ayrıntılarından bazılarına bakalım. Ayrıntıların her biri son derece aydınlatıcıdır. Yaratılış 15:11 *"Leşlerin üzerine konan yırtıcı kuşları kovdu."* Bu sözler aklıma çok canlı hatıralar getiriyor.

II. Dünya Savaşı sırasında Mısır'da İngiliz kuvvetlerinde görev yaparken doktorların iyileştiremediği bir durumdan ötürü bir yıl boyunca hastanede yattım. Çaresizlik içinde Tanrı'nın bu konuda ne söylediğine bakmak için Kutsal Kitap'a döndüm. Sonunda Kutsal Kitap'ın tamamını okuduktan sonra Tanrı'nın İsa Mesih'in çarmıhta ölümü aracılığıyla iyileşme sağladığını ve bu Tanrı'nın Mesih aracılığıyla benimle yapmış olduğu antlaşmanın bir parçası olduğu sonucuna vardım. Ama bu gerçeği anlamaya çalışırken, kafam her türlü moral çöküntüsü, kuşkular ve karanlığın saldırısı altındaydı.

Mesih'in aracılığıyla benim iyileşmem için yapılmış olan antlaşmadan yararlanmaya çalışarak ve bana saldıran moral çöküntüsü ve kuşkularla mücadele ederek orada yatarken, Yaratılış 15'i okudum ve yırtıcı kuşları kovmanın Avram'ın işi olduğunu gördüm. Bu kurbanlık hayvanları Tanrı atamıştı ama onları korumak Avram'ın işiydi. Aynı şekilde Tanrı'nın Mesih'in kurbanını benim için sağlamış olduğunu ama o şeytani kuşların kurbana saldırmasını ve bunun yararlarını benden çalmasını engellemek benim işimdi. Böylece, kuşları sürekli kovmam gereken bir dönem olduğunu anladım. Kuşku, inançsızlık ve korku bana kaç kez saldırırsa saldırsın, bu kurbanlıkları korumak benim ayrıcalığım ve sorumluluğumdu. Kendilerine bir pay kapmak ve bununla kendilerini beslemek isteyen şeytani yırtıcı kuşlara kutsal mirasımdan hiçbir şey vermemem gerekiyordu.

Sonra 15. bölüm 12. ayette şöyle der: *"Güneş batarken Avram derin bir uykuya daldı. Üzerine dehşet verici zifiri bir karanlık çöktü."* Burada çok derin bir ruhsal deneyimden söz ediliyor. Üstelik, "dehşet ve zifiri karanlık"tan geçen kişi olgun ve Tanrı'ya sıkı sıkıya bağlı olan Avram'dı. Sizin ilahiyat anlayışınızda böyle bir şeyin yeri var mı? Tanrı'nın en büyük azizlerinden bazılarının karanlık dönemlerden geçtiğini biliyor muydunuz? Karanlıktan geçmek, olgun olmamanın ya da zayıflığın bir belirtisi değildir. Hatta, Tanrı olgun olmayan ve zayıf olan kişilere bu tür bir deneyim yaşamaları için güvenemez. Her birimizin tam olarak ne kadarına dayanabileceğimizi bilir. Avram'ın bu deneyimi yaşamasının nedeni, zayıf ya da yeterince adanmamış olması değildi. Bu deneyimden geçmesinin nedeni, bunun onun ruhsal deneyiminin tamamının bir parçası oluşuydu. Avram'ın karanlıktan geçmesi aynı zamanda daha ilerdeki bir tarihte soyundan gelecek kişilerin Mısır'da acı çekeceklerini önceden gösteriyordu. Babaları olarak, onların çektikleri acıları bir ölçüde çekmesi gerekiyordu.

13-16. ayetlerde Rab Avram'a Mısır'da soyunun başına gelecekleri ve sonunda kendisinin duruma el koyup onları kurtaracağını ve onları yeniden Kenan diyarına getireceğini açıklıyor. Sonra 17. ayette, Avram'ın deneyimine yeni bir boyut eklenir:

"Güneş batıp karanlık çökünce, dumanlı bir mangalla alevli bir meşale göründü ve kesilen hayvan parçalarının arasından geçti."

Normal karanlığa, bir de bir mangaldan çıkan dumanın siyahlığı eklenmişti. Mangal, ocak ya da fırın, Kutsal Kitap'ta büyük ölçüde acı çekmeyi simgeler. Yeşaya 48:10'da Tanrı İsrail'e *"Bakın, gümüşü arıtır gibi olmasa da sizleri arıttım, sıkıntı ocağında denedim"* der.

Bu durum, Tanrı'nın tüm halkı için geçerlidir. Eğer kendinizi fırında bulursanız buranın Tanrı'nın sizi tasfiye edip denediği yer olduğunu hatırlayın. Fırına gösterdiğiniz tepki, geleceğinizi belirleyecektir. Fırında olmanızın nedeninin, zayıf olmanız ya da Rab'den uzak bir şekilde yaşamanız ya da Tanrı'yı hayal kırıklığına uğratmış olmanız değildir. Fırında olmanızın nedeni, fırının sizin için başka hiçbir şeyin yapamayacağı şeyleri yapabilecek olmasıdır. Malaki 3:3'te Tanrı, kendi kâhinleri veya rahipleri olan Levi'nin oğullarını kendilerini altın ve gümüş temizler gibi temizleyeceği hakkında uyarır. Değerli metaller, yoğun bir sıcaklık olmadan hiçbir zaman arınamazlar.

Avram'ın içinde olduğu bu büyük karanlığın (hem doğal ve hem de doğaüstü olan bu karanlığın) ortasında , *"alevli bir meşale, kesilen hayvan parçalarının arasından geçmişti"* (Yaratılış 15:17). Bu çok derin anlamı olan bir şeydir! Alevli meşale Tanrı'nın Ruhu'nun gözükmesiydi. Yuhanna'nın cennetteki tahtın önünde gördüğü *"Tahtın önünde Tanrı'nın yedi ruhu olan alev alev yanan yedi meşale"*yle bağlantılıydı (Vahiy 4:5). Bu sırada, en büyük karanlık sırasında Rab alevli bir meşale şeklinde Avram'a olan bağlılığını bildirdi. Parçaların arasından geçti ve bunu yaparak antlaşmaya girdi.

Bir anlığına Mısır'a hastanedeki deneyimime döneyim. Hayatımdaki bu karanlık zamanda Yaratılış 15'deki bu olay benim için çok etkili bir şey oldu. Kutsal Ruh'un sadece bir tek şeyi aydınlatacağı ve bu aydınlattığı şeyin de kurbanın simgeleri olacağı kapkaranlık zamanlar vardır. Çünkü bu zamanlarda bütün görmemiz gereken şey budur. Kurban antlaşmanın simgesidir ve antlaşma Tanrı'nın son ve değişmez bir şekilde kendini adamasıdır.

İsa'nın sizin için ölmüş olduğu gerçeğinden başka hiçbir şeyi göremediğimiz bir zamandan geçebilirsiniz. Bilmeniz gereken tek şey budur. Her şey buna dahildir. Romalılar 8:32, *"Öz Oğlu'nu bile esirgemeyen, O'nu hepimizin uğruna ölüme teslim eden Tanrı, O'nunla birlikte bize her şeyi de bağışlamayacak mı?"* der. Bazen tutunabileceğiniz tek şeyin bu olduğu zamanlar vardır. Rab İsa Mesih'in kurban olarak ölmesiyle yapılan antlaşmadır.

Rab ve Avram antlaşmaya böyle girdiler. Benim anladığım şekliyle, her biri sırayla kurbanın parçalarının arasından geçti. Yüce Tanrı'nın bir insanla böyle bir şey yapmış olması hayret verici ve harika bir şey değil midir? Tanrı'nın Avram'a olan bağlılığını göstermek için kesilmiş hayvanların o parçalarının arasından geçmek için göklerden ta buraya gelmesini aklım almıyor. Tanrı'nın insana olan kişisel bağlılığını göstermek için neler yaptığının farkına varmak beni çok etkiliyor.

Antlaşma Sadece Ölüm Aracılığıyla Geçerli Olur

Ama neden bir kurban gerekliydi? Bir antlaşmaya girmenin tek yolu neden buydu? Bunun yanıtı, kurbanın antlaşmadaki her iki tarafın da ölümünü simgelemesiydi. Her iki taraf da kesilmiş hayvanın parçalarının arasından geçerken aslında şöyle diyorlardı: "Bu benim ölümüm. Bu hayvan benim temsilcim olarak öldü. Benim yerime öldü. Bu antlaşmaya girerken ölüm aracılığıyla giriyorum. Şimdi antlaşmanın içinde olduğuma göre artık yaşamaya hakkım yok." Bu açıklama, neden hem eski Yunancada, hem de eski İbranicede "antlaşma" ve "vasiyet" sözcüklerinin tek bir sözcükle karşılandıklarını da aydınlatır.

Antlaşmayı geçerli kılmak için ölümün gerekli olması İbraniler'de vurgulanmıştır:

"Ortada bir vasiyet varsa, vasiyet edenin ölümünün kanıtlanması gerekir. Çünkü vasiyet ancak ölümden sonra geçerli olur. Vasiyet eden

yaşadıkça, vasiyetin hiçbir etkinliği yoktur" (İbraniler 9:16-17).

Bu sözlerin yanlış anlaşılacak bir tarafı yoktur. Antlaşmaya giren kişi ona ölüm aracılığıyla girer. Kişi canlı olduğu müddetçe antlaşmada değildir. Antlaşmada olup da canlı kalmak imkansızdır. Kurban edilen hayvanın ölümü fizikseldir ama kurbanı sunan ve parçaların arasından geçen kişi için başka türlü bir ölümü sembolize eder. Bunu yapan kişi, bu hareketiyle o andan itibaren kendi istediği şekilde yaşamak konusundaki bütün haklarından vazgeçer. Her iki taraf da kurbanın parçaları arasından geçerken birbirlerine şunu demektedirler: "Eğer gerekirse senin için ölürüm. Şu andan itibaren senin menfaatlerin benimkilerden önce gelmektedir. Eğer herhangi bir ihtiyacın olursa ve sen bunu karşılayamaz durumdayken ben onu karşılayabilecek güçteysem, o zaman benim sahip olduğum şeyler senin olacak. Artık kendim için değil, senin için yaşıyorum."

Tanrı'nın gözünde bir antlaşma yapmak boş bir ayin değildir. Ciddi ve kutsal bir adanmadır. Tarihe, Rab'bin Avram'la antlaşmasının sonucu olarak gerçekleşen olayların gidişine bakarsak, her iki tarafın da antlaşmanın temsil ettiği şeylere kendilerini iyice adamları gerektiğini görürüz.

Yıllar sonra Avram, İbrahim olduğunda Tanrı ona: "Senden oğlun İshak'ı, biricik oğlunu istiyorum. En değerli şeyin artık sana ait değil, çünkü sen ve ben bir antlaşmanın içindeyiz. Artık o bana ait" dedi. İbrahim hiç tereddüt etmedi ve kuşkusuz Tanrı İbrahim'in böyle davrandığını unutmayacak ve ona sonsuz bir ödül verecekti. İshak'ı bile sunmaya razıydı. Rab ancak son anda göklerden doğrudan işe karıştı ve İbrahim'in oğlunu öldürmesini engelledi (bkz. Yaratılış 22).

Ancak olayın sonu bu değildir. Tanrı da Kendini İbrahim'e adamıştı. İki bin yıl sonra Tanrı, kendi sırası gelince antlaşmanın kendine ait şartlarını yerine getirdi. İbrahim ve soyundan gelenlerin gereksinimlerini karşılamak için Tanrı, Kendi biricik Oğlu'nu sundu. Ancak bu kez son anda gerçekleşen bir kurtuluş yoktu. İsa, İbrahim ve soyundan gelen herkesi kurtarmanın tam bedeli olarak çarmıhta hayatını verdi. İki bin yıl önce o tarihi gecede olanlar, Tanrı'yla İbrahim'in kurbanın parçalarının arasından geçtiklerinde kendilerini adadıkları antlaşmanın gereğiydi. Bundan sonra tarihte gerçekleşen her şey, onların bu antlaşması tarafından belirlendi.

Aslında tarihin tamamındaki Tanrı'nın antlaşmasına bakacak olursak, Orta Doğu'da olanları açıklayabiliriz.

Yahudi halkı İsrail'e Tanrı'nın dört bin yıl önce verdiği söz sayesinde döndü. Onlara orayı Kendisi vermişti ve Tanrı antlaşma bozan biri değildir. Bu antlaşma kutsal bir bağlılığa sahiptir ve geri alınamaz.

ÜÇÜNCÜ BÖLÜM

ERKEKLE KADININ 'BİR'LEŞMESİ

Birinci bölümde, evliliğin en yüksek düzeyde *"üç katlı iplik"* (Vaiz 4:12) erkek, kadın ve Tanrı arasında bir antlaşma olduğunu gördük. İkinci bölümde antlaşma için kurbanın gerekli olduğunu, yoksa antlaşmanın geçerli olmadığını gördük. Bu bölümde, bu ilkeleri inananların Mesih'e olan imanları aracılığıyla birleştikleri evliliğe uyarlayacağız.

Hristiyan evlilik antlaşmasının temel aldığı kurban, İsa Mesih'in bizim yerimize ölmesidir. İsa Mesih, kendisi aracılığıyla erkekle kadının Tanrı'nın olmasını istediği türde bir evlilik ilişkisine girebildikleri kurbandır. Rab'le Avram nasıl kesilmiş hayvanın parçaları arasından geçtilerse, evlenen erkekle kadın da kendileri için kurban olan İsa Mesih'in ölümünden geçerler. Böylelikle İsa Mesih'in ölümü olmasaydı imkansız olacak olan tamamıyla yeni bir hayata ve tamamıyla yeni bir ilişkiye de girmiş olurlar. Hristiyan evlilik antlaşması, çarmıhın dibinde yapılır.

Teoride kavradığımız bu ilişkiyi hayatımıza geçirmeye başlayınca birbirini izleyen üç evre olduğunu görürüz. İlk olarak bir hayat sunulmuş ve sona ermiştir. Her iki taraf da kendi hayatlarını bir diğeri için verir. Koca, Mesih'in çarmıh üzerindeki ölümüne bakıp, "O ölüm benim ölümümdür. Ben çarmıh aracılığıyla geldiğimde öldüm. Artık kendim için yaşamıyorum" der. Kadın da aynı şekilde çarmıha bakıp aynı şeyi söyler: "İsa'nın ölümü benim ölümümdür. Ben çarmıh aracılığıyla geldiğimde öldüm. Artık kendim için yaşamıyorum."

Bundan sonra, her iki taraf da artık birbirinden hiçbir şey saklayıp gizlemez. Kocanın sahip olduğu her şey, kadın içindir. Kadının sahip olduğu her şey kocanındır. Hiçbir şey saklanıp gizlenmez. Bu bir ortaklık değildir; birleşmedir.

İkinci olarak, o ölümden bir hayat fışkırır. Artık her biri birbirlerinden ve birbirleri aracılığıyla o yeni hayatı yaşarlar. Koca karısına, "Benim hayatım sende. Hayatımı senin aracılığınla yaşıyorum. Sen benim varlığımın ifadesisin" der. Aynı şekilde kadın da kocasına, "Benim hayatım sende. Hayatımı senin aracılığınla yaşıyorum. Sen benim varlığımın ifadesisin." der.

Üçüncü olarak, antlaşma fiziksel birleşmeyle tamamlanır. Bu da her iki tarafın birbiriyle paylaşmaya gönüllü olduğu yeni yaşamı sürdüren meyve verir. Tanrı, yarattığı canlıların dünyasında şu temel ilkeyi vermiştir: Birleşme olmadan meyve olamaz. Antlaşma, paylaşılan yaşam ve meyve vermeye götürür. Paylaşılmayan hayat kısır ve meyvesiz kalır.

Evliliğe, onu bir antlaşma olarak görerek yaklaşmak, günümüzde birçok insanın evliliğe girdikleri tutumdan çok farklıdır. Çağdaş kültürümüzün tutumu temelde, "Ben bu işten ne kazanabilirim? Bunun bana ne yararı olacak?" şeklindedir. Bu tür yaklaşılan her ilişkinin başarısızlıkla sona ermeye mahkûm olduğuna inanıyorum. Evliliğe, onu bir antlaşma olarak görerek yaklaşan kişi, "Bundan ne kazanabilirim?" diye sormaz. Bunun yerine, "Ne verebilirim?" diye sorar. Ve, "Hayatımı veririm. Hayatımı senin için veririm ve sende yeni hayatımı bulurum" diyerek kendi sorusunu yanıtlar. Bu, her iki taraf için de, hem koca ve hem de kadın için aynı şekilde geçerlidir. Böyle bir şey doğal bir kafa yapısı için gülünç gözükür. Buna karşın aslında, gerçek hayat, gerçek mutluluk ve gerçek sevginin sırrıdır.

1. Samuel 25'te, Kutsal Kitap kayıtlarında Davut'un ikinci eşi Avigayil'in hikayesine rastlarız. Onunla tanıştığında Avigayil, Yahudiye tepelerinde kocası Naval ile birlikte yaşıyordu. Naval, "aptal" anlamına geliyordu ve bu aptallığı ölümünün nedenlerinden biriydi. Davut, Avigayil'e onunla evlenmesi için mesaj gönderdiğinde, kadının ona yolladığı mesaj yüreğime dokundu. Ve Avigayil *"Ben kölen sana hizmet etmeye ve efendimin ulaklarının ayaklarını yıkamaya hazırım"* (1. Samuel 25:41) dedi. Kaçınız bu kadar içten davranabilir?

Bu yeni ilişkide, kocanın ve kadının yapması gereken şeyler arasında fark vardır. Yeni Antlaşma'da karıyla kocanın birbirlerine karşılıklı sorumluluklarını ele alan her paçada, yazarın her zaman kadının özel sorumluluklarını yazarak işe başlaması ilginçtir. Durum, yazar Petrus gibi evli bir adam da olsa, Pavlus gibi bekâr bir adam da olsa böyledir. Öyle gözüküyor ki, kadın bir anlamda ilişkinin merkez noktasını oluşturmaktadır. Kadın kendi üzerine düşeni yapmadıkça kocanın kendi başına ilişkiyi yürütebilmesinin bir yolu yoktur. Bu yüzden, kadının evlilik ilişkisine katkısına bakarak işe başlayalım.

Kadının Katkısı

Süleyman'ın Özdeyişleri 31:10-31'de Süleyman bize Kutsal Kitap'ta bulunan en güzel parçalardan birini sunar; *"mükemmel kadın"*ı. *"Mükemmel kadın"* olarak çevrilen İbranice sözcük, başka bir çeviride *"erdemli kadın"* olarak geçer. Oysa bu iki çeviri de sözcüğün eski İbranicedeki anlamını vermemektedir. Ben, Süleyman'ın gerçekten söylemek istediği şeyin, bir kadın olmanın nasıl bir şey olduğunu bilen bir kadın, kadınlığını tamamıyla ve en zengin biçimiyle ortaya koymasını bilen bir kadın, bir kadın olarak başarılı olan bir kadın olduğuna inanıyorum.

Tanımına, *"Erdemli ve mükemmel bir kadını kim bulabilir?"* (Süleyman'ın Özdeyişleri 31:10) sorusuyla başlar. Bu da böyle bir kadının ender rastlanan biri olduğunu gösteriyor. Süleyman'ın tanımına uyan bir kadınla hayatımın otuz yılını geçirme ayrıcalığına sahip olduğumdan, bu bölümü gözlerimden minnet gözyaşları akmadan okuyamam.

Süleyman'ın çizdiği portrenin her ayrıntısını incelemek bu kitabın amacı dahilinde değildir. Ama çok önemli olan basit bir gerçeğe işaret etmek istiyorum: Resmin başlangıcı, ortası ve sonu hep kadının kocasına odaklanır. Yani, kusursuz ve erdemli kadının en büyük başarısı, kocasıdır. Bundan ayrı olarak başardığı bütün diğer şeylerin değeri ikinci derecededir. Bir kadının, kendisinin bir eş olarak başarısını bununla ölçmesi gerekir. Yaşamı kocasındadır. Başarısını onda görür. Kocasının başarılarına kendisininkilerden daha çok sevinir.

11. ayette, bu mükemmel ve erdemli kadın hakkındaki ilk cümleye dikkat edin: *"Kocasının yüreği ona güvenir ve adamın kazancı eksik olmaz."* Adamın kendisini kanıtlamak için iş dünyasına girip zengin olması gerekmez. Karısının onayı onun için yeterlidir. Birçok erkek temelde kendilerini kanıtlama arzusundan ötürü iş dünyasında ya da başka alanlarda başarıya ulaşmak için durmadan çabalar. Genellikle bunun kökünde yatan sorun, kendi evlerinde, ilk olarak anne-babaları daha sonra da eşleri tarafından onaylanmanın güvenini hiçbir zaman tatmamış olmalarıdır. Sonuç olarak, yaşamlarını onay kazanmak ve kendilerini kanıtlamak için büyük bir çaba

göstererek yaşarlar. Ama erdemli bir karısı olan bir adamın onaylanmak için başka kimseye bağımlı olmasına gerek yoktur. Karısının onayı onun için yeterlidir. Başka herkes onu yanlış anlayabilir hatta ona ihanet edebilir ama kendisine tamamen güvenebileceği bir tek insan olduğunu bilir. Bu da karısıdır. Bu tür bir eş olmak bir kadın için büyük bir başarıdır.

Kocasının bu *"mükemmel ve erdemli kadına"* güveni, basit ama çok önemli bir tek gerçeğe bağlıdır: *"Kadın ona kötülükle değil, yaşamı boyunca iyilikle karşılık verir"* (Özdeyişler 31:12). Otuz yıl boyunca karım Lydia için bu güveni duydum. Bana asla kötülük yapmayacağını biliyordum. Benimle aynı fikirde olmadığı zamanlarda bile bana fikir verirdi. Atışmalarımız ya da farklı fikirlerimiz olurdu. Ama benim yanımda olduğunu bilirdim. Yüzde yüz benim arkamdaydı. Bu destek olmasaydı ben asla bugün olduğum kişi olamazdım.

Şimdi 23. ayete, tanımın orta bölümüne geçelim: *"Kocası memleketin ihtiyarlarıyla otururken kapılarda tanınır."* Burada odaklanılan yine kocadır. Halk arasında tanınan bir önderdir. Bir onur ve otorite işareti olarak kapıda oturmaktadır. Süleyman'ın kullandığı sözcükler çok açıklayıcıdır. "Kocası ... tanınır." Yani, onun kocası olarak tanınır. Kadının desteği olmadan bu onurlu konumunu muhafaza edemeyecektir. Başarılı, güvenli ve saygıdeğer bir adama baktığımızda, bu ilke genellikle geçerliliğini korur. Onda gördüğümüz şeyin büyük kısmı, aslında karısının başarısıdır.

Sonraki 28 ve 29. ayetlerde, açıklama kadının ailesine odaklanarak biter (önce çocukları, ama sonunda yine kocası): *"Çocukları önünde ayağa kalkıp onu kutlar, kocası onu över. 'Soylu işler yapan çok kadın var, ama sen hepsinden üstünsün' der"* (Süleyman'ın Özdeyişleri 31:28-29).

Gördüğünüz gibi, *"mükemmel ve erdemli kadın"*ın (gerçekten başarılı kadın) tanımının başında, ortasında ve sonunda kocası vardır. Kadının en üstün başarısı kocasıdır ve bunun yanında bütün diğer başarılar ikinci planda kalır.

Peki kocası, kendi payına düşen iş olarak karısına ne ödül verir? "Onu över." Bu çok önemli bir şeydir. Kocalar eğer böyle bir karınız varsa, ona yeterli olabilecek bir maaş yoktur. Yaptıklarının bedelini övgüden başka hiçbir şeyle ödeyemezsiniz. Ve bu tür bir bedel ödemede cömert olabilirsiniz çünkü siz onu ne kadar överseniz karşılığını yine fazlasıyla alırsınız. Bu yüzden karınızı övün. Ona ne kadar tatlı olduğunu söyleyin. Yaptığı yemeklerin ne kadar lezzetli olduğunu söyleyin. Onunla vakit geçirmekten ne kadar mutlu olduğunuzu söyleyin. Ona ne kadar güzel göründüğünü söyleyin. Onu ne kadar sevdiğinizi söylemek için zaman ayırın. Bu iyi bir yatırımdır. Koyduğunuz her şeyin karşılığını birkaç kat fazlasıyla alacaksınız.

Bana gelince, ben daha önceden de belirttiğim gibi Lydia'yla otuz yıldan uzun süren mutlu ve başarılı evliliğimize bakıyorum. Eğer pişmanlık duyduğum büyük bir şey varsa, ona kendisini ne kadar çok sevdiğimi yeterince sık söylememiş olmamdır. Onu seviyordum ve o da bunu biliyordu. Ama bunu ona gereken sıklıkta söylemedim. Hayatımın o bölümünü yeniden yaşayabilseydim, ona kendisini sevdiğimi on kat fazlasıyla söylerdim.

Bir an için yine kadının üstüne düşene bakalım. Bir kadın kocasıyla bu tür bir başarıya nasıl ulaşabilir? Kadının birbirleriyle bağlantılı olan iki ana sorumluluğu olduğunu söyleyebilirim. Bunlardan ilki kocasını desteklemek; ikincisi de onu yüreklendirmektir.

1. Korintliler 11:3'te Pavlus bizlere "kadının (karısının) başı erkektir (kocasıdır)" der. Doğal bedende, kararlar ve izlenecek yollar hakkındaki sorumluluk baştadır. Buna karşın baş kendi kendini tutamaz. Bunu yapması için vücudun geri kalan kısmına ihtiyaç duyar. Vücudun geri kalan kısmının, özellikle boynun, desteği olmadan baş tek başına görevini yerine getiremez.

Aynı şey evlilik ilişkisi için de geçerlidir. Koca, baş olarak karar verme ve izlenecek yolları seçmede son söze sahiptir. Ama bu işlevini tek başına yapamaz. Kendisini desteklemesi için vücuda bağımlıdır. Kadının sorumluluğu bir bakıma boyuna benzetilebilir. Kadın, kocasına en yakın olan ve kocasının desteğine sürekli olarak güvenebileceği kişidir. Kadın eğer kocasını desteklemezse adamın işlevlerini gerektiği gibi yerine getirmesi mümkün değildir. Vücutta başı tutmak için boynun yerini alabilecek başka bir organ bulunmadığı gibi, koca için de karısından almaya ihtiyacı olduğu desteği verebilecek başka hiç kimse yoktur.

Kadının ikinci büyük sorumluluğu kocasına cesaret vermektir. Bir adam cesaret bulmak için her zaman karısına yönelebilmelidir. Özellikle de bunu en az hak ettiği zamanlarda. Eğer Lydia beni sadece hak ettiğim zamanlarda beni yüreklendirseydi, bu benim ihtiyacım olan şey olmaktan çok uzak olurdu. Bunu en az hak ettiğim zamanlarda yüreklendirilmeye ihtiyacım vardı. Başka kimse bana inanmadığı zamanlarda bana inanacak birine ihtiyacım vardı. Bir vaaza ihtiyacım yoktu. Bir öğütçüye ihtiyacım yoktu. Bana güvenen birine ihtiyacım vardı.

Özellikle gergin durumlarda kocasını yüreklendirmek bir kadın için kolay bir şey değildir. Sitem etmek ya da eleştirmek çok daha kolaydır. Hatta, aslında karşısındakini yüreklendirip ona cesaret vermek geliştirilmesi gereken bir hizmettir. Birçok durumda eğer kadın yüreklendirip cesaret vermeyi öğrenirse kötü bir evlilik ve başarısız bir kocayı, iyi bir evlilik ve başarılı bir kocaya dönüştürebilir. Ama bu, her zaman kendi kendini inkâr etmek anlamına gelir. Öncelikle kendimizle ilgilendiğimizde başkalarını yüreklendiremeyiz. Hem siz hem de kocanız kendinizi çok kötü hissediyorsanız ne yapacaksınız? Ona kendinizi ne kadar kötü hissettiğinizi mi söyleyeceksiniz? Yoksa onu yüreklendirecek misiniz? Onu yüreklendirmek için kendinizi inkâr etmeniz gerekir. Ama evlilik antlaşmasının özü budur. Artık kendiniz için yaşamazsınız.

Bu da bizi, antlaşmaya adanmışlık olan başlangıç noktamıza geri götürür. Evlilikte başarılı olabilmek için her iki tarafın da ihtiyaç duyduğu lütuf ve güç, ancak antlaşmaya adanmışlıkla elde edilebilir. Bunu yapmak için iyi öğütler ya da bir dizi iyi kural kendi başına yeterli değildir. Günümüzde Hristiyan bakış açısından başarılı bir evliliğe sahip olma konusunda öğüt ve talimatlar veren birçok harikulade kitap vardır. Ama eninde sonunda, Hristiyan evliliği Tanrı'nın doğaüstü lütfu olmadan yürümeyecektir; ve bu lütuf da ancak, erkek ve kadın kendilerini Tanrı'ya ve birbirlerine bir antlaşma adanmışlığı içinde teslim ettikçe alınabilir.

Kocanın Katkısı

Şimdi kocanın evlilik antlaşmasına katkısına bakacağız. Pavlus'un 1. Korintliler 11:7'deki sözleri bize iyi bir başlangıç sağlar: *"Erkek başını örtmemeli; o, Tanrı'nın benzeri ve yüceliğidir. Kadın da erkeğin yüceliğidir."*

Şu anda bizi ilgilendiren bu son cümledir: *"Kadın (karısı) erkeğin (kocasının) yüceliğini yansıtır."* Bu sözler, kadına uygulanan ilkeyi alıp kocaya da uyarlar. Kadının başarısının kocasında görüldüğünü daha önceden görmüştük. Şimdi Pavlus bizlere kadının, kocasının başarısının kanıtı olduğunu söylemektedir. Kadın kocasının yüceliğidir (onun en büyük başarısıdır). Kadın eşsiz ve üstün bir biçimde kocasının niteliğini gösterir.

Bir keresinde tanınmış bir müjdeciye bir imanlı hakkında, "Ne tür bir Hristiyandır?" diye sormuşlar. Müjdeci, "Henüz bir yanıt veremem çünkü daha karısıyla tanışmadım" diye yanıt vermiş. Bu çok akıllıca bir yanıttır! Ben de evli bir adam hakkında karısını tanımadan bir fikir yürütemem. Çünkü kadın kocasının yüceliğidir. Eğer kadın mutlu, huzurlu ve kendini güvende hisseden bir kadınsa adam saygımı kazanır. Ama diğer yandan eğer hüsrana uğramış, gergin, sinirli ve kendini güvenlikte hissetmeyen biriyse, o zaman kocasının hayatının bir alanında başarısız olduğu sonucuna varırım.

Kadının kocasının yüceliği olarak onunla olan ilişkisi göksel cisimlerden bir "benzetme"de, ayın güneşle olan ilişkisinde çok güzel bir şekilde canlandırılmıştır. Ayın kendi yüceliği yoktur. Güneşin parlaklığını yansıtmasıyla güzellik kazanır.

Birkaç yıl önce, NASA'nın merkezinin bulunduğu Houston, Texas'ta, astronotlar tarafından ayın yüzeyinden yeryüzüne getirilen bir kaya parçasını görme fırsatım oldu. Bir süre huşu içinde ona baktım. Sonunda, Tanrı'nın yaratış planının kusursuz bilgeliğini anlamaya başlayınca başımı saygı dolu bir şekilde eğip o Yaratıcı'ya tapındım. O ay taşı kendi başına donuk görünümlüdür ve çekici değildir. Kendine ait bir parlaklığı ya da ışıması yoktur. Buna karşın insanın şimdiye kadar keşfetmiş olduğu en yansıtıcı maddedir. Neden mi? Bunun nedeni tabii ki, Yaratıcı tarafından bir tek üstün amaç (güneşin parlaklığını yansıtmak), için tasarlanmış olmasıdır. Güneşle kendisi arasına bir şey girmedikçe de bunu yapmayı sürdürecektir. Ama örneğin dünyamız gibi bir başka cisim, ayla güneşin arasına girerse bunun aydaki etkisini görebiliriz: Işığını kaybeder.

Bütün bunlar, Yaratıcı'nın dahice gerçekleştirdiği çok daha harikulade bir iş olan evlilik ilişkisini gözümüzde canlandıran birer benzetmedir. Kadın ay gibidir. Tanrı tarafından kocasının yüceliğini yansıtmak için yaratılmıştır. Kocası onun üzerine parladığında kadın ışıldar. Ama eğer aralarındaki doyurucu ve açık olan ilişki bozulmuşsa, eğer aralarına bir şey girmişse, bunun sonucu kadında açıkça görülür. Kadın ışığını, parlaklığını kaybeder.

Evli erkekler olarak, bu konudaki performansımızı zaman zaman sınasak iyi ederiz. Karımızın durumunu kendimizinkinin bir yansıması olarak görmeye hazır olmalıyız. Biz erkekler karımızın hayatındaki zayıf bir alanı görmekte ve hatta belki de bu konuda ona karşı kaba ve eleştirici olmakta çabuk davranırız. Buna karşın eşimizde çok açık bir şekilde gördüğümüz sorun, kendimizde kimsenin görmediği bununla ilgili bir sorunun yansıması olabilir.

Bir erkek karısında ne aramalıdır? Karısına karşı sorumluluğunu yerine getirdiğine kanıt olarak neyi kabul etmelidir? Eğer bu soruyu bir tek sözcükle yanıtlamam gerekseydi seçeceğim sözcük *güvenlik* olurdu. Evli bir kadın gerçekten güvende (duygusal, parasal, sosyal bakımdan güvende) olduğunda, çoğu durumda bu, kocasıyla olan ilişkisinin iyi olduğunu ve kocasının ona olan sorumluluklarını yerine getirdiğini gösterir. Ama eğer evli bir kadın sık sık ya da sürekli bir şekilde güvensizlik içindeyse, bunun genellikle iki nedeni vardır: Ya koca karısına karşı sorumluluğunu yerine getirmiyordur ya da aralarına, kadının kocasının kendisine vereceklerini almasını engelleyen bir şey girmiştir.

Bir kocanın karısına olan sorumluluğunu yerine getirmesinin en önemli yolları nelerdir? Ben bunları, *korumak* ve *gereksinimlerini karşılamak* sözcükleriyle özetliyorum.

Bir kocanın hayatta yerine getirmesi gereken en büyük sorumluluk, karısını korumasıdır. Kadın kendini güvende hissetmelidir. Kocası tarafından himaye edildiğini bilmelidir. Günümüzde bir kadından, kadınların üzerine yüklenen bir sürü sorumluluğu yerine getirmesini istemek adil bir şey değildir. Kadınlar bunları gayet iyi bir şekilde yerine getirebilir, hatta erkeklerden de daha iyi yapabilirler. Ama kadınlıklarını kaybederler. Çoğu durumda, gerçek neden kocanın karısını koruma sorumluluğundan vazgeçmiş olmasıdır. Evli bir kadın, her fırtınaya, saldırıya ve baskıya karşı önünde duran biri olduğunu bilmelidir.

Bir kocanın ikinci önemli sorumluluğu karısının gereksinimlerini karşılamaktır. Kutsal Kitap bu konuda çok açıktır. *"Kişi kendi yakınlarına, özellikle ev halkına bakmazsa, imanı inkâr etmiş, imansızdan beter olmuş olur"* (1. Timoteos 5:8). "Bakmak" ya da "sağlamak" geniş anlamlı bir sözcüktür. Bir koca karısının hayatındaki gereksinim ister fiziksel, ister duygusal, ister kültürel, ister ruhsal olsun, o gereksinimi karşılamalıdır.

Bununla birlikte maddi gereksinim, bir kocanın karısına karşı sorumluluğunu yerine getirmesi gereken en öncelikli alandır. Bir erkek normal şartlarda, karısının tüm maddi sorumluluğunu üzerine almalıdır. Bunu yapabilecekken yapmayan bir adam evindeki otoritesini bir ölçüde kaybedecektir. Parayı kazanmayı, bu paranın nasıl harcandığına karar verme hakkından ayırmak zordur. Ama bu tür kararları vermek başın işlevi olmalıdır. Eğer kadın kocası kadar ya da kocasından daha fazla para kazanıyorsa, adamın baş olmayı etkin bir şekilde sürdürmesi zordur.

Tabii bu konuda istisnalar olduğunu biliyoruz. Çalışamayacak durumda olan kocalar vardır. Böyle durumlarda para sağlama sorumluluğu kadına düşmektedir. Evlilik yemininde bunun gibi durumları içeren bir madde vardır: "Sağlıkta" olduğu gibi "hastalıkta" da. Ancak bunun gibi talihsiz istisnalar normal kural haline geldiklerinde bu yanlış bir şeydir.

Şimdi kadınla kocasının karşılıklı sorumluluklarını evlilik antlaşması ilişkisinde kısaca özetleyelim. Kocanın en önemli iki sorumluluğu korumak ve gereksinimleri sağlamaktır. Kadının en önemli iki sorumluluğu desteklemek ve moral vermektir. Ancak bu sorumlulukların doğru bir şekilde yerine getirilebilmeleri Tanrısal yardım olmadan insani çaba ya da irade gücüyle mümkün değildir. Bunları yerine getirebilmek için daha fazlası, Tanrı'nın doğaüstü ve her şeye gücü yeten lütfu gerekir. Bu tür bir lütuf ancak karı koca kendilerini İsa Mesih'in vasıtasıyla Tanrı'ya ve birbirlerine ciddi bir antlaşma ilişkisi içinde adadıklarında sağlanır. Tanrı'nın lütfunun üzerimize gelmesini sağlayan şey kendimizi adamamızdır.

Bu adanmışlığın sonucunda, bu şartları yerine getirmemiş olanların asla tadamayacağı yeni bir yaşam ve ilişki oluşur. Şimdi bu yeni hayatın özel niteliklerinin neler olduğuna bakacağız.

'Bir'leşme Bilmeye Götürür

Bir erkekle bir kadın arasındaki antlaşma adanmasının sonucu bir tek sözcükle özetlenebilir: *Bilmek*. Bir erkekle bir kadın birbirlerini başka hiçbir şekilde mümkün olmayan derin bir şekilde bilebilirler. Kutsal Kitap'ın özgün dilinde "bilmek" sözcüğünün bugün kullanılandan daha geniş bir anlamı vardır. Kutsal Kitap'ın KJV İngilizceden çevirisinde *"Adem karısı Havva'yı bildi ve Havva gebe kaldı ve Kayin'i doğurdu"* ve NIV İngilizceden çevirisinde de *"Adem karısı Havva ile yattı ve Havva hamile kaldı ve Kayin'i doğurdu"* diye yazar (Yaratılış 4:1). Eski Antlaşma'nın yazıldığı dil olan eski İbranicede ise bu sözcüğün doğru ve harfiyen anlamı *"bilmek"*tir. Kutsal Kitap'ta günaha düşüşten (Adem'le Havva'nın ilk kez günah işlemesinden) sonra *"bilmek"* sözcüğü ilk kez burada kullanılır. Ayrıca bu, bir erkekle bir kadının cinsel birleşmeyle bir araya gelmelerinin ilk kaydıdır.

Ancak Eski Antlaşma yazarları, *"bilmek"* fiilini bir erkekle bir kadın arasındaki cinsel ilişkiyi tanımlama konusunda kullanmakta çok dikkatlidirler. Bir erkekle bir kadın Tanrı'nın onayının mührünü taşıyan bir antlaşmada birleşerek bir araya geldiklerinde Kutsal Kitap, erkeğin kadını *"bildiğini"* söyler. Ama bu yasal olmayan, Tanrı'nın onaylamadığı bir ilişki olduğunda Kutsal Kitap, erkeğin kadınla *"yattığını"* söyler. Burada ima edilmek istenilen şey, bir erkeğin bir kadınla cinsel ilişkide bulunduğu halde onu *"bilme"* mesinin mümkün olduğudur. Bunun tamamen deneyime dayalı bir şey olduğuna inanıyorum. Gerçekten bir erkek elli kadınla evlilik dışı cinsel ilişkide bulunup bunlardan bir tanesini bile hiçbir zaman *"bilmemiş"* olabilir.

Öyleyse bir kadınla sadece "yatmak"la "onu bilmek" arasındaki önemli fark nedir? Bunun yanıtı bir tek sözcükle verilebilir: Adanmışlık. Evlilik dışı cinsel ilişkinin özünde erkekle kadın birbirlerinden fiziksel ve duygusal tatmin ararlar ama kendilerini birbirlerine kalıcı bir şekilde adamamışlardır. Bu şekilde elde ettikleri zevk "çalınmıştır." Bu zevkin bedelini ödememişlerdir.

Hayatın en büyük zevklerinden biri bir insanın sizi bilmesi ve sizin onu bilerek samimi bir ilişki içine girmenizdir. Bu çok değerli ve aynı zamanda oldukça riskli olduğu için, Tanrı bu ilişkinin çevresine bir çit çekmiştir ve bu da antlaşmadır.

Bunu anlamak oldukça büyük önem taşıdığından size bir örnek vereceğim. Aynı üniversitede öğrenci olan bir erkek ve bir kız düşünelim. Eğer cinsel ilişkiye girerlerse, Tanrı bunu ahlaksızlık olarak nitelendirir. Ancak, bu iki genç insan hayatlarını birbirlerine adar, sunağın önüne gidip bunun için ant içer ve sonra cinsel ilişkiye girerlerse, Tanrı aynı eylemi kutsal ve kutsanmış olarak nitelendirir... Aradaki fark nedir? Antlaşma.

Bu da Tanrı'nın kendini adamaya ne kadar önem verdiğini gösterir. Kalıcı ve karşılıklı bir kendini adamadan önce gerçekleşen cinsel ilişki ahlaksızlıktır. Evlilik öncesi cinsel ilişki, günümüz toplumunda buna verilen süslü bir addır. Kutsal Kitap'ta bunu tanımlamak için kullanılan sözcük "zina"dır. Diğer yandan, yasal ve karşılıklı bir şekilde kendini adamadan sonra gerçekleşen cinsel birleşmeye *"evlilik"* adı verilir. Tanrı'nın bu iki ilişki karşısındaki tutumu İbraniler 13:4'te çok açık bir biçimde ortaya konulmuştur. *"Herkes evliliğe saygı göstersin. Evlilik yatağı günahla lekelenmesin. Çünkü Tanrı fuhuş yapanları, zina edenleri yargılayacak."*

Bu çerçeve içinde "zina"da bulunanlar kendilerini antlaşmayla birbirlerine adamamış olanlar olarak anlaşılabilir. "Zina edenler" ise kendilerini bir evliliğe adamış olup da sonradan kendilerini bu adamayı bozan cinsel ilişkilere kaptıranlardır. Her iki durumda da günahın özü antlaşma içinde kendini adamaya karşı yanlış tutumda yatmaktadır. Kim antlaşma dışı ve taahhütsüz cinsel ilişkiye girerse Tanrı'nın Hristiyan evliliği için verdiği kutsamayı alamayacaktır.

Tanrı'nın evlilik için olan amacına, erkekle kadının birbirlerini "bilmesine" dönelim. Sanıyorum, bu gerçeğin derinliği, ancak bunu yaşama ayrıcalığını tatmış olanlarca anlaşılabilir. Bir erkekle kadın arasındaki bu tür bir "bilgi" geçici ve durağan değildir. "Bilgi" çağdaş terminolojide anladığımız biçimde sadece düşünsel ya da sadece cinsel de değildir. Her bir kişiliğin bir diğerine kendini tamamen ve hiçbir şeyi saklamadan açmasıdır. Fiziksel, duygusal, zihinsel ve ruhsal olmak üzere her alanı kapsar. Eğer evlilik Tanrı'nın istediği yönde gitmeyi sürdürürse, karı kocanın birbirlerini karşılıklı bilmeleri yıllar geçtikçe daha da büyür ve derinleşir.

Ben, Tanrı'nın yaratma başarısındaki en büyük mucizesinin insan kişiliğinde ifade edildiğini düşünüyorum. İsa, bir tek insan ruhunun bütün dünyadan daha değerli olduğunu söyledi (bkz. Markos 8:36-37). Bunun doğru ve objektif bir değerlendirme olduğuna inanıyorum. Bütün görkem ve haşmetine rağmen, yaratılmış evrenin tümünün gerçek değeri bir tek insanın kişiliğinden çok daha azdır. Evliliğin olağanüstü yanı, iki insan kişiliğinin evlilik aracılığıyla birbirlerinin bütün eşsiz benzersiz yanlarını bilmelerine, birbirlerinin en kutsal ve en derin yönlerini keşfetmelerine izin vermesidir. İşte bu nedenle çok harikulade ve çok kutsal olan evlilik, Tanrı'nın antlaşma adanması talebiyle korunur.

Bir erkekle karısının birbirlerini bilmelerinin, tanımlarının sayısız değişik yönü vardır. Örneğin, birbirlerine bakmaları bile başka insanlara bakmalarından ya da başka insanların onlara bakmalarından farklıdır. En sevdiğim şeylerden biri, eşler birbirlerine bakarken fark ettirmeden onları seyretmektir. Her zaman gözlerine bakarım (Birisi gözlerin "ruhun penceresi" olduğunu söylemişti). Bana eşlerin birbirlerine nasıl baktıklarını gözlemlemek için yeterli zamanı verirseniz, evliliklerinin başarısı hakkında oldukça doğru bir tahminde bulunabilirim.

Kadın kocasına öyle bir bakar ki, ona hiçbir şey söylemeden hemen her şeyi söyler. Örneğin, "Artık çocuklara *senin* bakma zamanın geldi" ya da "O kadınla o kadar uzun zaman konuşmamalıydın" ya da "Eğer şimdi eve gidersek rahatsız edilmeden baş başa bir saat geçirebiliriz" der gibi. Bu nedenle, Kutsal Kitap evli bir kadına kocasına baktığı biçimde başka hiç kimseye bakmamasını söyler.

Bu, İbrahim'in hayatında geçen bir olay aracılığıyla çok canlı bir biçimde ortaya konulmuştur. İbrahim imanı büyük olan bir adamdı ama insani bazı zayıf yanları vardı. Kendi hayatını kurtarmak için iki değişik durumda, karısı Sara'nın Yahudi olmayan bir ulustan bir kralın haremine alınmasına izin verdi. Tanrı'nın kendisini Sara'yla değişmez bir şekilde bağladığını ve bu Tanrısal planın başka bir kadınla birleşmesiyle asla yerine gelmeyeceğini çok yavaş anladı. İbrahim'in bu konudaki zayıflığı günümüzdeki kocalara da bir uyarı olmalıdır.

1. Petrus 3:7'de Hristiyan kocalara, karılarının kendileriyle birlikte *"yaşam lütfunun ortak mirasçıları"* oldukları hatırlatılır. *"Ortak mirasçılar"* demek aynı mirasın ortakları oldukları, yani taraflardan hiçbirinin bir diğeri olmadan yasal olarak mirası alamamaları durumudur. Tanrı'nın evli insanlar için olan mirasının taraflardan birinin bir diğeri olmadan giremeyeceği alanları vardır. Bu alanlar sadece karşılıklı sevgi ve uyum içinde hareket edebilen çiftlere ayrılmıştır. Bu ilke İbrahim'in Sara'yla olan ilişkisi için olduğu kadar günümüzdeki Hristiyan kocalar için de geçerlidir.

İbrahim'in Sara'dan ayrılmaya hazırlandığı ikinci durum Gerar kralı Avimelek'in sarayındaydı (Yaratılış 20). İbrahim Sara'yı, kız kardeşi olduğunu söylemeye ikna etmişti. Bu doğruydu ama gerçeğin tamamı değildi. Aynı zamanda karısı olduğu gerçeğini saklamasını söylemişti. Bunun sonucu olarak Avimelek onu kendisine eş olsun diye haremine aldı. Ancak Tanrı doğaüstü bir biçimde duruma el koydu ve Sara'yı kurtardı. Bir gece düşünde Avimelek'e görünerek, Sara'nın aslında İbrahim'in karısı olduğunu ve eğer onu karısı olarak alırsa bunun bedelini kendi hayatıyla ödeyeceğini söyledi. Besbelli Tanrı korkusu taşıyan bir adam olan Avimelek, Sara'yı hemen İbrahim'e geri götürdü ve yaptığı hatayı tamir etmek için ona değerli hediyeler verdi.

Ancak sonuçta, Avimelek Sara'yı uyararak şöyle dedi: *"Kardeşine bin parça gümüş veriyorum. Yanındakilere karşı senin suçsuz olduğunu gösteren bir kanıttır bu. Herkes suçsuz olduğunu bilsin"* (Yaratılış 20:16). KJV İngilizceden çeviride "kanıttır" kelimesinin yerine "örtüdür" kelimesi kullanılmıştır.

Avimelek'in Sara'yı azarlamasını şöyle özetleyebiliriz: "Evlendiğin zaman başka bir erkeğe kocana baktığın şekilde bakamazsın. O senin örtündür." Bir kadının gözlerini açıp kocasına baktığı bir biçim vardır ki, bu hem Kutsal Kitap'a uygundur hem de mahremdir. Bir kadın bilerek başka bir adamın, gözlerine kendi kocasının baktığı gibi bakmasına hiçbir zaman için izin vermemelidir.

Tabii ki bunun diğer bir yanı daha vardır. Evli bir kadının kocası dışında bir adama kocasına baktığı gibi bakmaması gerektiği gibi, aynı şekilde evli bir erkek de karısı dışında bir kadından bu şekilde bir bakışı kabul etmemelidir. Avimelek bunu anlamış görünüyordu ve bu da kendisi için bir artı puandır.

Sonuçta, Avimelek tarafından Sara'ya verilen uyarı, erkekle kadının evlilik antlaşması aracılığıyla girdikleri ilişkinin özünü basit ama canlı bir biçimde dile getirmektedir. Antlaşma içinde kendilerini birbirlerine adamış olduklarından, birbirlerini başka bir insanı hiçbir zaman bilmemeleri ve başka bir insanın da onları hiçbir zaman bilmemesi gereken bir biçimde bilmişlerdir. Evlilik antlaşmasının amacı, karıyla koca arasındaki bu eşsiz ve kutsal bilgiyi korumak ve onu herhangi başka bir ilişki yüzünden bozulmaktan korumaktır.

DÖRDÜNCÜ BÖLÜM

EŞİNİ BULMAK

Genç insanların büyürken yapmaları gereken üç önemli seçim vardır: Kurtarıcılarını seçmek, kariyerlerini yani çalışacakları işi seçmek ve hayat arkadaşlarını, yani karılarını ya da kocalarını seçmek. Eğer İsa'yı kurtarıcımız olarak kabul etmişsek, O'ndan diğer iki seçenek için bize rehberlik etmesini isteyebiliriz. Zaten bu iki seçenek birbirleriyle bağlantılıdır, çünkü bir karı koca ortak olmalı ve hayatta birlikte çalışmalıdırlar (Bkz. Yaratılış 2:18-25).

Evliliğin Önemi

Tanrı evliliğe, bugün Hristiyanlar'ın verdiğinden çok daha büyük bir önem verir. Bazılarımız dini kökenlerimizin şekillendirmesiyle, evliliği cinsel dürtüleri olan varlıklar olarak cinsel ilişkiye girmeden önce gerçekleşmesi gereken bir nevi şans olarak görürüz... Pek çok Hristiyan, evliliğin Tanrı'nın gözündeki değerini kavrayamaz.

Genç Hristiyanlar'ın karşılaştığı bir diğer önemli sorun ise, kendilerinden önceki neslin evliliklerinin başarısız olması nedeniyle evliliğin muazzam kutsallığını ve önemini göremiyor olmalarıdır. Onları gerçekten suçlayamam. Günümüzde milyonlarca genç insanın mutlu bir evlilik görmeden büyümesi üzücü bir gerçektir

Boşanma oranları, çiftlerin evlilik yeminlerini ciddiye almadıklarının bir göstergesidir. Evlilik ilişkisinin bir insanın hayatındaki en sarsılmaz ilişkilerden biri olması gerekirken ne yazık ki günümüzde neredeyse kurulduğu kadar çabuk bozuluyor. Bizler evliliğe hak ettiği değeri vermiyoruz. Evliliğin önemini ve değerini anlamıyoruz.

İkinci eşim Ruth ile evlilik törenimizde evlilikle ilgili bir uyanış yaşadım. Kardeş Charles Simson, evlilik törenimizde kısa ama oldukça etkili bir konuşma yaptı. İnsanlık tarihinin Adem ve Havva'nın evliliğiyle başladığına dikkat çekti.

Charles'ın söylediklerini irdeledikçe, bende evlilikle ilgili yeni bir anlayış büyümeye başladı. Kutsal Vahyin evlilik ile başladığını fark ettim. İsa, ilk mucizesini bir düğünde gerçekleştirdi.

Tanrı'nın insanlık tarihinin büyük zirvesini belirlediği yer de yine bir düğündür (Kuzu'nun akşam yemeği olduğu düğün).

Eski Antlaşma'da yer alan Ezgiler Ezgisi'nin hahamlar tarafından Kutsal Kitap'taki en kutsal kitaplardan sayılması ilgimi çekti. Açıkçası burada kadın ve erkek arasındaki oldukça tutkulu bir ilişki anlatılır.

James Strahan'ın *Mareşal* kitabından yapılan bir alıntıyı hatırlıyorum. Kitapta William Boot'un (ki kendisi Kurtuluş Ordusu'nun öncülerindendi) kızından alıntı yaparak "Mesih, bizi tutkuyla seviyor ve bizim de onu o tutkuyla sevmemizi ister" der. Ben Yeni Antlaşma imanlılarının o tutku olmadan konuşacağını düşünemiyorum. Bu tutkunun evliliklerimizde de olması gerekir.

Eğer evlilik, Tanrı için insanlık tarihini başlatmak, İsa'nın yeryüzündeki hizmetine başlaması ve kiliseyle olan ilişkisini belirlemek için kullanacağı kadar önemliyse, biz de bu antlaşmaya gireceğimiz kişiyi seçmekte dikkatli olmalıyız.

"Onu" Seçmek

Evliliğin çoğumuzun sahip olduğu en önemli kişisel ilişki olduğuna inanıyorum. Bunun kalıcı olması ve iki tarafın da birbirinin çıkarlarını diğerinden daha çok önemsemesi gerekir. Eğer böyle bir antlaşmaya adanmak istiyorsanız, bu antlaşmaya adanmaya sizin kadar istekli ve karşılaştığınız sorunları çözmek için birlikte çalışabileceğiniz birini bulmalısınız. Bir Hristiyan her zaman Hristiyan bir eş seçmelidir:

"İki kişi anlaşmadan birlikte yürür mü?" (Amos 3:3).

"İmansızlarla aynı boyunduruğa girmeyin. Çünkü doğrulukla fesadın ne ortaklığı, ışıkla karanlığın ne paydaşlığı olabilir? Mesih'le Beliyal uyum içinde olabilir mi? İman edenle iman etmeyenin ortak yanı olabilir mi? Tanrı'nın tapınağıyla putlar uyuşabilir mi? Çünkü biz yaşayan Tanrı'nın tapınağıyız. Nitekim Tanrı şöyle diyor: 'Aralarında yaşayacak, aralarında yürüyeceğim. Onların Tanrısı olacağım, onlar da benim halkım olacak'" (2. Korintliler 6:14-16).

Bu ayetler Tanrı'nın Sözü'dür ve siz sırf bazı şeyleri yapmak istediğiniz için Sözü değiştiremezsiniz. Sadece onu yapmaya istek gösterebilirsiniz. Kutsal Kitap kast ettiği şeyi söyler. Siz ona bundan başka bir şey söyletemezsiniz.

Yıllar önce 1. Dünya Savaşı sonrasında Almanya'nın yeniden silahlanması yasak olan bir dönem yaşandı. Ama Hitler güçlendiğinde ülkesini gizlice silahlandırmaya başladı. Fabrikaları kurduğunda, bebek arabaları ürettiklerini söylüyorlardı ancak silah üretiyorlardı.

Bu fabrikalardan birinde karısı hamile olan bir adam çalışıyordu. Bebek arabasına ihtiyacı vardı ve farklı bölümlerde çalışan arkadaşlarını arabanın parçalarından kendilerine getirmeleri için ikna etti. Böylece evde bunları birleştirip bebek arabasını yapabilecekti. Arkadaşları onunla iş birliği yapmayı kabul ettiler.

Bir gün sonra adamlardan bazıları yolda yürürken arkadaşlarını kafası karışmış bir şekilde görünce, "Sorun nedir?" diye ona sordular.

"Şey, parçaları iki kez birleştirdim, ama her seferinde ortaya silah çıkıyor" dedi.

Kutsal Kitap da böyledir. Yaratıldığı amaca hizmet eder. Bunu başka bir şey yapmak için kullanamazsınız. İsa antlaşmanın şartlarını belirlediğinde, onu sonuca bağladı. Ondan başka bir yol yok. Tanrı'nın evlilikle ilgili planı, imanlıların aynı boyunduruk altına girmeleridir.

İşte size muhtemel eşinizin adanmış bir Hristiyan olup olmadığını sorgulamanız için bir soru listesi:

- Tanrı'yı benden daha çok seviyor mu?
- Tanrı'yı kendisinden daha çok seviyor mu?
- Tanrı'nın Ruhu'yla yeniden doğmuş mu?
- Düzenli olarak Kutsal Kitap'ı okuyor ve onun öğretisini biliyor mu?
- Tanrı Sözü'nün vaaz edildiği bir kiliseye düzenli olarak gidiyor mu?
- Manevi şeyler hakkında konuşmaktan hoşlanıyor mu? *"Çünkü ağız yürekten taşanı söyler."* (Matta 12:34)
- Temiz, saf bir hayat sürüyor mu?
- Başkalarının Tanrı'nın yolunda ve güvenliğinde olmasını istiyor mu?
- Kutsal Ruh'la vaftiz olmuş mu?

Eğer bu sorulardan birkaçına "hayır" cevabı verdiyseniz doğru eşi seçmiyorsunuz demektir.

Eğer Ruh'la dolu bir Hristiyansanız ve imanlı olmayan biriyle evlenirseniz (ruhsal deneyimlerinizi paylaşamazsınız), iki şeyin olacağından emin olabilirsiniz: Birincisi, kalbiniz çok kırılacak ve acı çekeceksiniz; ikincisi gerçek bir imanlıyla evli olduğunuz gibi Rab'be hizmet edemeyeceksiniz.

Muhtemelen şöyle düşünüyorsunuzdur: "Kurtarılmamış biriyle evleneceğim ve ben onu gerçek bir Hristiyan olmaya ikna edeceğim." Ama bu aptalca. Her şeyden önce bir Hristiyan, Tanrı'ya itaat eder. Tanrı'ya itaatsizlik ederek iman etmemiş bir insanla evleniyor ve onu imanlı hale getirerek Tanrı'ya itaat etmesini planlıyoruz. Siz Tanrı'ya itaat etmezken, onu Tanrı'ya itaat etmeye nasıl ikna edersiniz? Bu planın gerçekleşme şansı var mı?

Genç bir kız, bir gün genç bir adamla kilisesinin pastörünü görmeye gider ve şöyle der: "Bu genç adam evlenmeyi planladığım adam."

Pastör, "Hristiyan mı?" diye sorar.

Genç kız pastörü, "Henüz değil! Ama ben evlendikten sonra onun inanması için elimden geleni yapacağım" diye cevaplar.

Pastör, "Karar vermeden önce, benim için bir şey yapmanızı isteyeceğim" der. Odadaki masayı işaret ederek genç kıza "Masanın üzerine çık ve biraz orada dur" der. Genç kız da öyle yapar. "Şimdi, genç adama elini ver ve onu yanına çekmeye çalış" der pastör. Daha sonra genç adama döner ve "Genç bayanı yanına çekmeye çalış" der.

Birkaç dakika sonra, genç kız kendini, genç adamın yanında yerdeydi. "Bu siz evlendiğinizde olacak olan şeydir" der pastör. Pastör son olarak "Sen ona seviye atlatamayacaksın, ama o seni aşağıya çekecek" der.

İşte bu bir Hristiyan'ın iman etmemiş biriyle evliliğinde olacak olandır. İman etmemiş birinin bir imanlıyı kendi tarafına çekmesi, bir imanlının iman etmemiş birini iman ettirmesinden daha kolaydır.

Eşinizi seçerken dikkat etmeniz gereken üç madde vardır:

- Evliliğin insanın karakterini değiştirmediğini unutmayın. Eğer bir insan evlenmeden önce kötü bir karaktere sahipse, o kişi evlendikten sonra da kötü bir karaktere sahip olacaktır.

- Unutmayın, evlilik bir ömür boyu sürer. Kötü bir t-shirt'ü ya da bol gelen bir elbiseyi giymekten vazgeçebilir ve yenisini satın alabilirsiniz. Ama eğer yanlış kadın veya erkekle evlenirseniz onu değiştiremezsiniz. Artık o insanla ortak bir hayatı yaşamaya söz vermişsinizdir.

- Unutmayın, bir şeye ya da birine güçlü duygular beslerken Tanrı'nın iradesini bulmak kolay değildir. Bu nedenle, güçlü duygularınız olduğunda dürüstçe Rab'be dua edin: "Kurtarıcım, hayat arkadaşımı benim için seç. Hayatımda senin iraden olsun benim değil."

Saflığın Önemi

Evlilik konusunda Tanrı'nın sağlayışının en iyi taraflarından biri, evlilik için verilen sözün ve yapılan antlaşmanın iki tarafı da istismar ya da ihanete uğramaktan korumasıdır.

1. Selanikliler 5:23'de, Kutsal Kitap'ın insan kişiliği ile ilgili vahyini görürüz. Pavlus, tüm imanlılar için şu duayı eder:

"Esenlik kaynağı olan Tanrı'nın kendisi sizi tümüyle kutsal kılsın. Ruhunuz, canınız ve bede-

niniz Rabbimiz İsa Mesih'in gelişinde eksiksiz ve kusursuz olmak üzere korunsun."

"Tümüyle" ve "eksiksiz" kelimelerine dikkat edin. Pavlus, tamamen insan doğasından ve üç unsurdan bahseder. *"Canınız ve bedeniniz, eksiksiz ve kusursuz olmak üzere korunsun."* Bu Kutsal Kitap'ın insan doğasının bütününü kapsayan vahyidir. Bu vahiyde insan üç unsurdan oluşur: Ruh ve can iç doğayı; beden görünen dış doğayı yansıtır.

Birçok kadın, bir erkekle ilk deneyimini arada bir antlaşma olmadan yaşıyor. Bu nedenle kendi kişiliğine, ruhuna, canına ve bedenine karşı fahişelik yapmış oluyor. Ben bunu söylerken sadece cinsel ahlak açısından değil aynı zamanda o kadının sahip olduğu en değerli şeye saygısızlık olduğunu, söylüyorum. Kişiliğini, Tanrı'ya bedelini ödemeden vermiş oluyor. Bir antlaşma olmadan bunu bir kadınla yapan erkek için de aynısı geçerli.

Bazen dönüp Lydia ile yaptığım ilk evliliğime bakıyorum da, biz her zaman birbirimizi daha derinden tanımaya çalışan bir yapıya sahiptik. İlişkimiz büyüyerek gelişti. İlişkimiz sadece bizim birbirimizle konuşmamız ya da seks hayatımızla alakalı değildi; bu tamamen ikimizin birbirimizi çok iyi tanımasıyla alakalıydı. Bu Tanrı'nın bize verdiği çok büyük bir armağandı. Tanrı'nın size de bu antlaşma ilişkisini yaşayabileceğiniz bir eş vermesi için dua ediyorum.

Geleceği Görmek

Bir erkeğin bir eşe ihtiyaç duyması için Tanrı'nın karar vermesi gerektiğine inanıyorum. Tanrı'nın erkek için belirlediği kadını meshetmesi gerektiğine inanıyorum. Kadını erkeğine Tanrı'nın götürmesi gerektiğine inanıyorum. Ve Tanrı'nın onların ilişkisinin amacını ve doğasını belirlemesi gerektiğine inanıyorum. Tanrı'nın en iyi olan seviyesinin altında yaşamayın.

Lydia öldüğünde, sanki birisi içimi boşaltmış gibi oldu. Hissettiğim acıyı anlatabilmemin hiçbir yolu yok. İyi şeyler istersiniz ve onların onunla gittiğini düşünürsünüz. Birini ne kadar çok severseniz, gittiğinde o kadar çok özlersiniz.

Tanrı'ya dua ettiğimde eğer yalnız kalarak O'na daha iyi hizmet edeceksem bekâr kalmak istediğimi söyledim. Gayet samimiydim. Yaklaşık iki yılı aşkın bir süre böyle geçince, bir dul olarak öleceğimi düşünmeye başlamıştım.

1977'de ilginç ve bir o kadar da muhteşem bir grup erkekle İsrail'e gittim. Daha sonra bir hafta daha İsrail'de kalıp Tanrı'nın benim hakkımda gelecekle ilgili iradesini görmek istedim. Özellikle de İsrail'de yeniden çalışıp çalışmamak konusunda, çünkü orada yapabileceğim bir şeyin kalmadığını düşünüyordum.

Bir haftanın ardından, misyonuma aracılık eden kitapları İbranice, Arapça ve diğer birçok dilde dağıtan bir yeri ziyarete gittim. Misyonun başındaki kardeşten bir mektup almıştım ve mektubun hemen altında sekreterinin el yazısıyla yazdığı notu vardı: "Hizmetiniz benim için çok şey ifade ediyor." Ben de bu notu yazdığı için sekretere nezaket ziyaretinde bulunmak istedim. Nezaket gösteren ve iyi dileklerini ileten insanlara teşekkür etmeye çalışırım.

Genel merkeze gittiğimde sekreterin sırtını incittiği için evinde olduğunu söylediler. David Rose'u buldum ve o da benimle birlikte geldi. *Eğer bir konuda iyiysem o da insanların sırt ağrıları için dua etme konusundadır.* Ona şöyle dedim: "David eğer istersen ikimiz birlikte gidip onun için dua edebiliriz"

Bize adresi verdiler ve David Rose ile birlikte Kudüs'e doğru yola çıktık ve kaybolduk. Arabayı David kullanıyordu ve ben ona "David vazgeçelim. Tanrı muhtemelen bizi burada istemiyor" dedim. Ben bunu söylediğimde sekreterin evinin önünde olduğumuzu fark ettik.

Oraya gittik ve Ruth orada kanepede yatıyordu. David ve ben onunla bir süre konuştuk ve onun için dua ettik. Uzun yıllardan beri omurga eğriliği olduğunu öğrendik. Ayrıca disk kayması da vardı. O anda iyileşmemişti ama o andan itibaren iyileşmeye başladı. Bu iyi bir ziyaretti ve ben onun için dua ettiğimize mutlu olmuştum.

İsrail'deki son günümde, yatağa gittim ve hayatımın en alışılmadık gecesini geçirdim. Sabaha karşı altıda uyandım ve gözümde uyku yoktu. Tüm gece Rab hayatımla ilgili amaçları hakkında benimle uğraştı ve bu konular hakkında bana vaatlerde bulundu. Bana net bir şekilde "Sana verdiğim her söz eğer sen Bana inanır ve itaat edersen gerçekleşecek" dedi. Ve bir görüm gördüm.

Eski şehrin güneybatı köşesinden virajlı bir yoldan Kudüs'e dönüyordum. Bunun izlemem gereken yol olduğunu hissediyordum. Gariptir ki yolun başında yeşil elbiseli bir kadın oturuyordu. O kadının ziyaret ettiğim ve kendisi üzerine dua ettiğim sekreter olduğunu biliyordum. Tanrı bana Kudüs'e dönüşün ilk adımı olarak o kadınla evlenmem gerektiğini gösterdi. Benim ne hissettiğimi düşündüğünüzü bilmiyorum ama söyleyeyim; ilk anda üzüldüm. *Tanrım, o kadını sevmiyorum, bana sevmediğim bir kadınla evlenmemi mi söylüyorsun?* dedim.

Bu konu hakkında kimseye bir şey söylememeye karar verdim. Onun yerine bu konu için bir ay boyunca dua ettim. Dua ettikçe, bunun Tanrı'nın iradesi olduğunu daha da fark ettim. Daha sonra bundan daha iyisini yapabilirim dedim ve o bayana bir mektup yazdım ve eğer isterse ABD'ye Kansas'a David Rose'a bir dostluk ziyaretinde bulunabileceğini söyledim. Ondan gelen mektupta Amerika Birleşik Devletleri'ne gelmek için üç gün önce yola çıktığını söyledi!

Kansas'ta buluştuk. Tanrı, birlikte zaman geçirebilmemiz için bize olanak tanıdı ve biz David Rose'un evinde, bir akşam buluşmadan önce Ruth odama geldi ve "Seninle konuşmak istiyorum. Sana bir konuda danışmam gerek" dedi.

Halen disk kayması sorunu yaşıyordu ve sandalyeye oturmak ona iyi gelmiyordu bu nedenle de yere oturdu ve belini duvara dayadı. Oraya oturduğunda, Tanrı'nın bana gösterdiği görümdeki kadının o olduğunu fark ettim. Benimle konuşmaya başladığında onu ezici bir aşkla sevmeye başladığımı fark ettim. Bu tam anlamıyla bir elektrikti. Ona her şeyi anlatmak istedim. Yine de onu korkutmak istemedim. Ayrıca tanınmış bir vaiz olarak bir şeyin içine atlamak yerine biraz tavsiye almam gerektiğini düşündüm.

Ruth'un ziyareti sona erdi. O İsrail'e ben de Güney Afrika'ya döndüm. Ben Kudüs'te bir mola vermeyi planlamıştım. Böylece İsrail'de Yom Kipur'da buluşmaya karar verdik. Bu arada Tanrı, onunla konuşmuştu. Ben ona bir şey söylemeden Tanrı ona, onunla evlenmemi istediğini göstermişti.

Yeniden buluştuğumuzda Ruth'a Tanrı'nın onunla ilgili bana gösterdiklerinden bahsettim. Saatlerce konuştuk. İki günün ardından ona derin bir aşkla bağlanmıştım. Tanrı'nın bana hediyesiydi.

Şimdi size bir görüm görmeden evlenemezsiniz demiyorum. Herkes için aynısı olmayabilir. Ama kendi seçtiğiniz kişinin Tanrı'nın da sizin için seçtiği kişi olduğundan emin olmalısınız. Çöpçatanınızın Tanrı olması gerekir. Eğer O bana hayatım boyunca iki kez doğru kadını gösterdiyse, size de gelecekteki eşinizi gösterecektir.

İki Kişi Birlikte

"İki kişi bir kişiden iyidir, çünkü emeklerine iyi karşılık alırlar. Biri düşerse, öteki kaldırır.
Ama yalnız olup da düşenin vay haline! Onu kaldıran olmaz. Ayrıca iki kişi birlikte yatarsa, birbirini ısıtır. Ama tek başına yatan nasıl ısınabilir? Yalnız biri yenik düşer, ama iki kişi direnebilir. Üç kat iplik kolay kolay kopmaz"
(Vaiz 4:9-12).

Çok gerçekçi öyle değil mi? Evlilik, Tanrı'nın bizimle kurduğu antlaşma ilişkisinin güzel bir yansımasıdır ve aynı zamanda gündelik hayatımızda uygulanabilir yararlı sonuçları vardır.

Bir eş, Tanrı tarafından yaşamı kolaylaştırmak için verilmiş bir armağandır (bir nevi Tanrı-onaylı destek sistemi).

Tanrı'ya güvenin ve 31. Mezmur'daki kadına size yönlendireceğine inanın. O dışarıda bir yerde. Beni ömrümde iki kez bu kadınlarla karşılaştırdı! Ve emin olun dışarıda bir yerde sadece kadınlar değil, böyle adamlar da var.

Bu arada Tanrı'nın olmanızı istediği kadın ya da erkek olmaya odaklananın. Böylece gelecekteki eşiniz için bir kutsama olabilirsiniz. Mesih'teki yaşamımım yanı sıra, hayatımdaki en büyük kutsama, iki çalışkan, yetenekli ve akıllı kadınla evlenmem oldu.

Bu kadınları kendi başıma bulmadım. Entellektüel birikimim ortalamanın üzerindedir. Ama insanlar hakkında hüküm vermeye gelince, insanların gerçek karakterlerini ayırt etmekte çok zorlanırım. Eş seçme konusunda kendi başıma karar vermeme izin vermediği için Tanrı'ya şükrediyorum. Her iki durumda da, O bana özellikle ve açıkça tam olarak kiminle evlenmem gerektiğini gösterdi.

Şimdi, daha önce de söylediğim gibi, Tanrı size bana verdiği gibi bir görüm vermeyebilir. Ama Tanrı'nın doğru seçimi yapmanız için gerekli olan rehberliği size verdiğine eminim. İlişkilerinizle ilgili vereceğiniz her kararda, Kutsal Ruh'la ve Tanrı Kelamı'nın öğretisiyle yönlendirilmeniz için dua ediyorum. Unutmayın, Tanrı kadın ve erkeği yarattı, evliliği icat etti ve ilk çöpçatan oldu. Hayatınızdaki evlenme ya da evlenmeme konusundaki bu alanı O'na teslim ederseniz, her iki durumda da hayal kırıklığına uğramazsınız.

BEŞİNCİ BÖLÜM

TANRI'YLA 'BİR'LEŞME

Evlilik antlaşması, yalnızca kendi yönünden kutsal olmakla kalmaz. Aynı zamanda, büyük ruhsal anlamlar taşıyan başka ilişkilerde de belirleyici bir rol oynar. Bunlardan birincisi ve en önemlisi, Tanrı'nın halkıyla sahip olmayı arzuladığı ilişkidir.

Tanrı, Halkının Kocasıdır

Eski Antlaşma'nın çeşitli metinlerinde Tanrı, İsrail'le olan ilişkisini bir kocanın karısıyla olan ilişkisine benzetir. İlişkisinin kökleri, İsrail halkını Mısır'dan kurtardıktan sonra O'nunla Sina Dağı'nda yaptığı antlaşmaya kadar dayanır. Yani Tanrı'nın İsrail'le bir koca olarak ilişkisi, bir erkeğin karısıyla olan insani ilişkisi gibidir. Onları kendi halkı yaptığında onlarla girdiği antlaşma ilişkisini temel alır. Bu durum Yeremya'da açıkça görülür:

"'İsrail halkıyla ve Yahuda halkıyla yeni bir antlaşma yapacağım günler geliyor' diyor RAB. 'Atalarını Mısır'dan çıkarmak için ellerinden tuttuğum gün onlarla yaptığım antlaşmaya benzemeyecek. Onların kocası olmama karşın, bozdular o antlaşmamı' diyor RAB" (Yeremya 31: 31-32).

Tanrı burada, İsrail'i Mısır'dan çıkartıp onlarla bir antlaşma yaptığında, bu iş aracılığıyla onlarla bir kocanın ilişkisine benzer bir ilişkiye girdiğini söylemektedir. Ancak İsrail sadakatsizliği ve putperestliği yüzünden antlaşmayı bozmuş ve Tanrı'yla kocası olarak ilişkisindeki hakkını yok etmiştir. Yine de Tanrı, sonunda İsrail'i sadakatsizliğinden ötürü reddetmek yerine burada bu çağın sonunda onlarla yeni bir antlaşma yapacağını ve yeniden onların kocası olacağını bildirir.

Hoşea'da yine Tanrı'nın İsrail'le olan ilişkisinin bir kocanın karısıyla olan ilişkisi gibi resmedildiğini görüyoruz:

"RAB bana şöyle dedi: 'İsrailliler'in başka ilahlara yönelmelerine, üzüm pestillerine gönül

vermelerine karşın[4], RAB onları nasıl seviyorsa, sen de git, o kadını sev, başkasınca sevilmiş, zina etmiş olsa bile'" (Hoşea 3:1).

Peygamber Hoşea, karısı Gomer'in sadakatsizliğine karşın ona olan sevgisinin sürekliliğiyle; onların kocası olarak Tanrı'nın İsrail'e olan bitmeyen sevgisini temsil etmektedir. İsrail Tanrı'yla olan ilişkisinde sürekli sadakatsizlikte bulunduğu halde Tanrı'nın ona olan sevgisi son bulmamıştır.

Yeremya'da olduğu gibi Hoşea'da da Tanrı'nın İsrail'i sonunda kendisiyle olan antlaşmaya geri getireceği ve bunun aracılığıyla kocaları olarak onlarla olan ilişkisini yenileyeceği hakkında peygambersel bir vaat vardır. *"'Ve o gün gelecek' diyor RAB, 'Bana, 'Kocam' diyeceksin; artık, 'Efendim' demeyeceksin"* (Hoşea 2:16).

Sonra Hoşea 2:18'de onlarla yapacağı yeni antlaşmadan söz eder. 19 ve 20. ayetlerde bu antlaşmanın sonucunu, onlarla olan evlilik ilişkisinin yenilenmesi olarak resmeder: *"Seni sonsuza*

---

[4] Bu onların Tanrı'yı tanımayan diğer ulusların tadını çıkarttıkları zevkleri arzuladıklarını gösteren bir deyimdir.

dek kendime eş alacağım, Doğruluk, adalet, sevgi, merhamet temelinde Seninle evleneceğim. Sadakatle seninle evleneceğim, RAB'bi tanıyacaksın" (Hoşea 2:19-20).

20. ayetin son kısmı özel bir anlam taşır: "Ve RAB'bi tanıyacaksın" (İbranicede "bileceksin"). Antlaşmanın bir kadınla bir erkeği doğal düzeyde, böylesine bir karşılıklı adanma olmadan asla birbirlerini bilemeyecekleri biçimdeki bir birleşme içine soktuğunu daha önce de görmüştük. Burada aynı ilke İsrail'in Tanrı'yla yenilenmiş ilişkisine uyarlanmıştır. Antlaşmayla kendilerini adamaları aracılığıyla Rab'bi daha önce hiç tanımadıkları bir biçimde tanıyacak ve bileceklerdi.

Öyleyse, Tanrı'nın İsrail'le ilişkisinin Eski Antlaşma'daki resmi, kısaca şöyle özetlenebilir: Tanrı'nın Sina Dağı'nda İsrail'le yaptığı antlaşma, Tanrı'yla İsrail arasında bir evlilik ilişkisidir ve bu antlaşma aracılığıyla Rab onların kocası olmuştur. Sonra İsrail, sadakatsizliği ve putlara tapması yüzünden antlaşmayı bozdu ve bu antlaşmadaki hakkını kaybetti. Ancak, Tanrı sonunda İsrail'i reddetmedi ve onlara olan sevgisi son bulmadı. Bu yeni antlaşma ilkinden farklı olarak sonsuza dek geçerli olacaktı. Bir daha asla bozulmayacaktı.

Bunun aracılığıyla İsrail, Rab'bi daha önce hiç tadıp yaşamadıkları şekilde yepyeni derin bir yakınlıkta bilecek, tanıyacaktı.

Yeni Antlaşma, bu yeni antlaşmanın doğasını tamamıyla gözler önüne serer. Bu antlaşmanın temeli hayvanların kurban edilmesine değil, Tanrı'nın Oğlu İsa Mesih'in günahlarımız karşılığında kurban olmasına dayanır. Bu, hangi ırktan gelirse gelsin ya da nasıl bir geçmişe sahip olursa olsun İsa Mesih'i Rab ve Kurtarıcı olarak kabul eden herkesin şimdiden girdiği antlaşmadır. Eski Antlaşma'da zaten oluşturulmuş olan kalıba uygun olan Mesih'teki bu yeni antlaşma, imanlıları Tanrı'yla karı koca arasındaki evlilik ilişkisine benzeyen bir ilişkiye soktu.

Efesliler 5:25-33'te Pavlus, Mesih'in kilisesini, kendisine bir gelinin kocasına sunulduğu gibi "kutsal ve kusursuz" (ayet 27) olarak sunmak için kurtarıp temizlediğini söyler. Pavlus, bu ilişkiyi doğal düzeyde karı kocanın ilişkisine uyarlar, ama sözlerini "Bu sır büyüktür ve ben bunu Mesih ve kiliseyle ilgili olarak söylüyorum" diyerek bitirir. Yani, Mesih'le kilise arasındaki ilişki, bir kocanın karısıyla ilişkisi gibidir.

Tanrı'yla Tek Ruh Olmak

1. Korintliler'de Pavlus bu resmi sadece Tanrı'yla bir bütün olarak halkının ilişkisine değil, aynı zamanda Tanrı'nın her imanlı bireyle sahip olmayı arzuladığı ilişkiye uyarlar:

"Yoksa fahişeyle birleşenin, onunla tek beden olduğunu bilmiyor musunuz? Çünkü 'İkisi tek beden olacak' deniyor. Rab'le birleşen kişiyse O'nunla tek ruh olur" (1. Korintliler 6:16-17).

Pavlus da, Kutsal Kitap yazarlarının genelde olduğu gibi çok açık sözlüdür. Burada bir erkekle bir kadın arasındaki cinsel birleşmeden söz etmektedir. Bir fahişeyle cinsel birleşmede bulunan bir erkeğin kendisini onunla tek bir beden yaptığını söyler. Sonra bir imanlı Tanrı'yla tek ruh olduğunda, O'nunla buna benzer bir şekilde birleştiğini söyleyerek sözlerine devam eder. Böylece ruhsal düzeyde Tanrı'nın her imanlıyı kendisiyle sahip olmaya davet ettiği ilişki, fiziksel düzeyde bir erkeğin bir kadınla cinsel birleşmesine tam olarak paraleldir.

Üçüncü bölümde, evlilikteki saf, temiz ve kutsal olan birleşmeyle, günah olan zina arasındaki temel farkı görmüştük. Aradaki fark, evlilikte cinsel birleşmeden önce erkekle kadının birlikte bir antlaşma yapmış olmalarıydı. Diğer yandan evlilik dışı cinsel ilişkide bir kadınla erkek, birbirlerine antlaşmayla adanmaya razı olmaksızın birbirlerinden cinsel tatmin arayışı içindedirler.

1. Korintliler'de Pavlus'un kullandığı dil, bu ilkeyi Tanrı'yla imanlı arasındaki ilişkiye uygulamamızı onaylar. Tanrı, her imanlıyla ruhsal bakımdan birlikteliği arzular. Ancak aynı zamanda Tanrı'nın kendi yasalarına karşı gelmeyeceği kesindir. Hiçbir zaman "ruhsal zina"nın bir tarafı olmaz. Bu yüzden Tanrı'yla birleşme bu anlamda, Tanrı'ya antlaşma aracılığıyla kendimizi adamamıza bağlıdır ve Tanrı'yla birleşme içinde olmamızdan önce bu yerine getirilmelidir. Bir imanlı, tam olarak hiçbir şeyini kendine saklamadan, kendini Tanrı'ya adamaya razı olmadıkça kurtarılışın amacı olan Tanrı'yla tam bir ruhsal birleşme içine giremez.

Daha önce Mezmur 50:5'i incelerken, Tanrı'nın kendilerinden *"bana bağlı olanlar"* diye söz ettiği kişileri nasıl tanımladığını görmüştük. Bunlar, "kurban sunarak Tanrı'yla antlaşma yapanlar"dı. Buradan alınacak ders, 1. Korintliler 6:16-17'dekiyle aynıdır. Antlaşma adanması olmadan "Tanrı'ya bağlı olmak" olan Tanrı'yla yakın bir birliğin hiçbir yolu yoktur. Böylesine bir adanma olmadan, kişi hiçbir zaman gerçekten "Tanrı'ya bağlı" olamaz, Tanrı'yı hoşnut edemez. Hiçbir zaman Tanrı'yla gerçekten birleşmiş olamaz.

Kapı ve Çoban

Mesih ile gerçek bir ilişkinin yolu, onun kurban olduğu antlaşmadan geçer. İstekli miyiz? Hazır mıyız? Çarmıhın yolundan gitmeye hazır mıyız?

Tanrı, bizi meşru bir istekle Kendisi için yarattı, ama bazılarımız bu isteği gayrimeşru yoldan yerine getirmek için çabalıyor.

"Kapı Ben'im. Bir kimse benim aracılığımla içeri girerse kurtulur. Girer, çıkar ve otlak bulur. Hırsız ancak çalıp öldürmek ve yok etmek için gelir. Bense insanlar yaşama, bol yaşama sahip olsunlar diye geldim. Ben iyi çobanım. İyi çoban koyunları uğruna canını verir" (Yuhanna 10:9-11).

İsa, hem kapı hem çoban nasıl olabilir? Hiç bu iki ifadenin de doğruluğunu incelemek için fırsat buldunuz mu? Aslında bunun çok basit bir çözümü var. Çarmıhtaki İsa'nın kapı olduğuna (ki başka kapı yoktur) ve dirilmiş İsa'nın da çoban olduğuna inanıyorum.

Eğer siz de dirilmiş İsa'nın çobanınız olmasını istiyorsanız, çarmıha gerilmiş İsa'nın kapısından girmelisiniz. Başka yol yoktur.

İsa, birçok insana (hırsızlar ve soygunculara) yukarıya tırmanmak için başka bir yol olduğunu söyler. Onlar başkalarından çalıyorlar. Onlar Tanrı'nın kutsaması ve sağlayışı üzerinde hak iddia ediyorlar ancak buna hakları yok.

Bu bize kilisemizdeki birçok insanın sorunlu durumunu açıklar. Onlar Tanrı ile bir ilişki arzu ederler. Böyle bir ilişkiye hakları olduğunu da düşünebilirler. Maalesef, istekleri gerçekleşmemiştir. Bunun nedeni, Tanrı'yla girmeyi arzuladıkları ilişkinin tek yolu olan, Mesih'teki ciddi, koşulsuz ve kişisel adanmışlığa yanaşmamış olmalarıdır.

Böyle insanlar bir müjdeleme faaliyeti sırasında gerçekten de "bir karar vermiş" olabilirler. Bir kilisede ön plana çıkıp pastörün beğenisini kazanabilirler. Vaftiz veya onaylanma gibi dinsel bir deneyim yaşamış olabilirler. Ancak, bu ve buna benzer listeye eklenebilecek tüm eylemler, insanları Tanrı'yla hayati ve adanmış bir antlaşma ilişkisine götürmüyorsa faydasızdır. Sözün kısası, orada Tanrı ile gerçek bir samimiyet ortamı olmayabilir. O, adanmayanlara Kendisini adamaz.

Yaşamın Amacı Tanrı'yı Tanımaktır

Ancak Tanrı'yla bu tür bir antlaşma adanmasına girmeyi arzulayanlar için ödül çok büyüktür. İsa'nın Yuhanna 17:3'te Baba'ya hitabında kullandığı sözlerde bu durum çok güzel bir şekilde dile getirilir: *"(Amaç) Sonsuz yaşam, tek gerçek Tanrı olan seni ve gönderdiğin İsa Mesih'i tanımalarıdır."* Burada, yaşamın nihai amacının tek gerçek olan Tanrı'yı tanımak olduğunu anlarız. Sonsuz yaşam, Tanrısal yaşam, Tanrı'nın imanlıyla paylaştığı kendi yaşamı, bu bilgi vasıtasıyla bize ulaşır.

Ancak bu tür bir bilgi sadece düşünsel bir bilgi değildir. Sadece ilahiyat veya öğreti de değildir. Tanrı hakkında bir şeyler bilmek değildir. Tanrı'nın bizzat kendisini, gerçekten (O'nu doğrudan ve yakın bir şekilde) bir kişi olarak bilmek demektir. İki taraflı, kişisel bir ilişkidir. Ruhsal bir birleşmedir.

Tanrı'yı bu şekilde bilmek, ruhsal düzeyde bir adamın bir kadını karısı olarak "bilmesi" ve bir kadının da bir adamı kocası olarak "bilmesi"yle tam olarak paraleldir. Kutsal Kitap'ta her iki tür ilişkiyi de tanımlamak için aynı sözcüğün kullanılmış olması bir rastlantı değildir. Bu, iki ilişki arasında var olan derin temeli gözler önüne serer. Doğal düzeyde, bir erkekle bir kadın ilk önce hiçbir şeyi kendilerine saklamadan bir antlaşmayla birbirlerine adanmadıkça birbirlerini gerçekten "bilemezler." Ruhsal düzeyde, bir imanlı ilk önce hiçbir şeyi kendine saklamadan bir antlaşmayla kendini Tanrı'ya adamadıkça Tanrı'yı asla gerçekten "bilemez." Aynı ilke her düzeyde geçerlidir: Bir antlaşma olmadan bir birleşme olmaz ve bir adanma olmadan da bir antlaşma olmaz.

Bu tür adanma size çok yoğun bir şeymiş gibi mi gözüküyor? Çok mu samimi? Çok mu kesin? Son aşamada, her birimiz bu konuda kendi kararımızı vermeliyiz. Ama, kendi adıma gerçek şeyin yerine konulan sulandırılmış, dinsel bir taklitle ilgilenmediğimi söylemeliyim. Bunun yerine Davut'un sözlerini tekrar ediyorum:

"Ey Tanrı, sensin benim Tanrım,

Seni çok özlüyorum,
Canım sana susamış,
Kurak, yorucu, susuz bir diyarda,
Bütün varlığımla seni arıyorum." (Mezmur 63:1)

Gerçekten susamış olan ruh için, nihai tatminin bulunabileceği tek yer Tanrı'nın kendisidir. Tanrı'yla gerçek birleşmeden azıyla yetinmek yaşamın gerçek amacını bulamamaktır. Sonsuza dek sorunlarla başa çıkamamak ve bu yüzden öfkeli olmak, sonsuza dek tatmin edici bir hayat bulamamak demektir.

Yeşaya 1:22'de Tanrı, asi ve Tanrı'ya sırtını çevirmiş olan İsrail'e: *"Gümüşü cüruf oldu, şarabına su katıldı"* der. Aynı şey, günümüzdeki birçok kilise için de söylenebilir. Her şey saflığını, gerçek niteliğini kaybetmiştir. Bizden bozulmuş ve saf olmayan bir şeyi, gerçeğin bir taklidini kabul etmemiz istenir.

Normal şartlarda, eğer birisi bana sulandırılmış bir şarap verseydi ona, "Zahmet etmeseydin, hiç verme daha iyi!" derdim. Ama günümüzde kilisede ve toplumda her şeyi suyla karıştırmaktayız. Onu sulandırıyoruz ve standartları aşağıya çekiyoruz. Gümüşümüz artık gerçek değerde değil ve şarabımızın tadı da olması gerektiği gibi değil.

Bu tür bir ruhsal ortamda, Tanrı'nın en iyisinden daha azına razı olmamak için karakteri epey kuvvetli biri olmak gerekir. Böyle bir insanın, "Diğerleri istedikleri gibi yapabilirler ama ben Tanrı'nın istediği biçimde yapacağım. Ben Tanrı'yla gerçek bir ilişkim olmasını istiyorum. Ben yürüyen bir evliliğim, Tanrı'yı yücelten bir yuvam ve mutlu ve güvenli yetişkinler olacak çocuklarım olmasını istiyorum. Evet, ben bunları istiyorum ve ben bunların bedelini ödemeye razıyım!" demeye istekli olması gerekir.

Tanrı, bedeli gayet açık bir biçimde belirtmiştir: Bedel, dikey olarak Tanrı'nın kendisine ve yatay olarak da eşimize antlaşma içinde kendimizi adamamızdır.

ALTINCI BÖLÜM

TANRI'NIN HALKIYLA 'BİR'LEŞMEK

Önceki bölümlerde antlaşmanın gerçek birleşme için vazgeçilmez bir şart olduğunu gördük. Üçüncü bölümde bu ilkenin adına evlilik dediğimiz erkekle kadın arasındaki birliğe nasıl uyarlandığını gördük. Beşinci bölümde, her imanlının ruhsal düzeyde, bir erkekle bir kadının evlilikteki birleşmesine benzer bir şekilde, Tanrı'yla birleştiğini gördük. Bu bölümde, aynı ilkenin bir başka çok önemli ilişkiye nasıl uygulandığını göreceğiz ki, bu da Tanrı'nın halkının birbirleriyle olan ilişkisidir.

Antlaşma Bir "Halk" Oluşturur

Eski Antlaşma'da Tanrı'nın İbrahim'le antlaşmaya girdiği andan itibaren sırasıyla İshak ve Yakup'la devam eden İbrahim'in soyu, insanlığın diğer fertlerinden ayrı tutuldu. O zamandan itibaren *"İbrahim'in soyu"* (2. Tarihler 20:7) olarak tanınmaya başladılar. Ancak Tanrı'nın amacının yerine gelmesi için antlaşmanın bir kez daha yapılması gerekiyordu. Bunun kişisel olarak İbrahim'le değil kolektif olarak bütün soyuyla yapılması gerekiyordu. Bu Mısır'dan Çıkış'tan sonra Sina Dağı'nda gerçekleşti. Bundan sonra tekil olarak yeni bir ada sahip oldular: "Bir halk" (İbranice 'am). Bunun anlamı, antlaşmaya girme yoluyla artık kolektif bir birlik olduklarıydı.

Tanrı'nın İsrail'le antlaşmaya girme süreci, Mısır'dan Çıkış 19 ve sonrasında tanımlanır. Mısır'dan Çıkış 19'da Tanrı, İsrail'i kendisiyle bir antlaşma ilişkisine sokmaktaki amacını bildirmektedir:

"Eğer şimdi sözümü dikkatle dinler, antlaşmama uyarsanız, bütün uluslar içinde öz halkım olursunuz. Çünkü yeryüzünün tümü benimdir. Siz benim için kâhinler krallığı, kutsal ulus olacaksınız..." (Mısır'dan Çıkış 19:5-6).

Bundan sonra, İsrail'in Tanrı için özel bir halk olarak diğerlerinden ayrıldığını ve bunun kendilerine ait bir doğruluktan ötürü değil, Tanrı'nın kendileriyle yapmış olduğu antlaşmadan ötürü olduğunu anlamamız gerekiyor. Kutsallıklarının antlaşmanın nedeni değil, sonucu olduğunu anlamak önemlidir. Yani Tanrı, İsrailliler kutsal oldukları için onlarla antlaşmaya girmedi; onlarla antlaşmaya girerek onları kutsal kıldı.

Bundan önceki bölümümüzde, Tanrı'nın antlaşmayı temel alarak onlarla bir karı-koca ilişkisine girdiğini ve onlar için bir kocanın sorumluluklarını üzerine aldığını görüyoruz. Antlaşma, Tanrı'yla İsrail arasında bir erkekle karısınınkine benzer bir ilişki kurdu. Evliliğin bir kadının kocasıyla eşsiz, benzersiz bir ilişkiye sahip olmasına yol açması gibi, antlaşma da onların Tanrı'yla eşsiz ve benzersiz bir ilişki içine girebilmelerine yol açtı.

Ancak İsrail'in Tanrı'yla bu eşsiz, benzersiz ve özel ilişkiyi sürdürme hakkını koruyabilmesi için antlaşmaya sadakatini sürdürmesi gerekiyordu. Bu nedenden ötürü, Tanrı amacını onlara bildirirken önüne "eğer" önekini koymuştur. *"Eğer şimdi sözümü dikkatle dinler, antlaşmama uyarsanız, bütün uluslar içinde öz halkım olursunuz. (...) kutsal ulus olacaksınız"* (Mısır'dan Çıkış 19:5-6, vurgu eklenmiştir). Bu yüzden, İsrail'in Tanrı'yla olan sürekli, eşsiz ve benzersiz ilişkisi, antlaşmanın şartlarını yerine getirip getirmemelerine bağlıydı. Bu yönüyle İsrail'in yaptıkları, kocasına etmiş olduğu evlilik yeminine göre yaşamayan bir kadınınkine benziyordu.

Tanrı'nın İsrail'le bu antlaşmayı yaptığı zamandan itibaren, Eski Antlaşma, birbiriyle bağlantılı olan iki İbranice sözcük arasında dikkatli bir ayrım yapar. Bunlar *goy* "ulus" ve *'am* "halk" sözcükleridir. İsrail dahil bütün uluslar *goyim*dir (goyun çoğulu) yani *"uluslar"*dır. Ama sadece İsrail aynı zamanda *'am*, yani Tanrı'nın özel olarak seçtiği *"halk"*tır. İsrail'i bütün diğer uluslardan bu özel isimle ayıran şey, Tanrı'yla girdiği eşsiz ve benzersiz antlaşma ilişkisidir.

Yeni Antlaşma'da aynı ayrım iki Yunanca sözcüğün kullanımıyla elde edilir: *Ethos* "ulus" anlamında (eski İbranicedeki *goy* sözcüğünün karşılığıdır ve *laos* "halk" anlamında) eski İbranicedeki *'am* sözcüğünün karşılığıdır. *Ethnos* (çoğul hali *ethne*'dir) ve *"uluslar"* ya da *"Yahudi olmayanlar"* olarak çevrilir. *"Yahudi olmayan uluslar"* sözünün normalde Hristiyan olmayan uluslar değil, İsrail dışındaki uluslardan söz ettiğini anlamak önemlidir.

Hem İbranicede hem de Yunancada kullanılan *"halk"* ve *"ulus"* sözcüklerinin analizi Kutsal Kitap'taki çok önemli bir temel ilkeyi anlamak için gerekli olmuştur: Bu da bir halkın ('am) oluşması için bir antlaşmanın (*b'rit*) var olması gerektiğidir. Kollektif olarak Tanrı'yla bir antlaşma yapmamış olan bir etnik grup sadece bir "ulus"tur, ama kolektif olarak Tanrı'yla bir antlaşma yapmış bir etnik grup (özel bir anlamda) "halk"tır.

Antlaşma İlişkileri: Dikey ve Yatay

Mısır'dan Çıkış 19. bölüm ve bundan sonrasına bir kez daha bakarsak, bununla bağlantılı ikinci bir ilke keşfederiz: İsrail'i Tanrı'yla benzersiz bir ilişki içine sokan antlaşma, aynı zamanda onları birbirleriyle de benzersiz bir ilişki içine soktu. Mısır'dan Çıkış Kitabı'nda 10. bölümden 23. bölüme kadar anlatılanların ana amacı, Tanrı'nın o günden sonra İsrailliler'in birbirleriyle ilişkilerinin nasıl olmasını istediğini ayrıntılı ve somut bir biçimde açıklamaktır. Bir antlaşma halkının üyeleri olarak birbirlerine karşı belirli sorumlulukları vardı. Bu sorumluluklar onların, ne Tanrı'yla ne de İsrail'le bir antlaşma ilişkisi içinde bulunmayan diğer ulusların üyelerine olan sorumluluklarından farklıydı.

Bu ilkeyi daha genel olarak şöyle dile getirebiliriz: Tanrı'yla antlaşma ilişkisine sahip olanlar, aynı zamanda birbirleriyle de antlaşma ilişkisi içindedirler. Bir antlaşma aracılığıyla kurulan ilişkiler dikey ve yatay olmak üzere iki yöndedir. Bizi dikey olarak Tanrı'yla birleşme içine sokan antlaşmanın aynı zamanda bizleri Tanrı'yla birleşme içine sokan antlaşma içine girmiş olan bütün insanlarla da yatay olarak birleşme içine sokması gerekir. Aynı antlaşmayı paylaşanlara karşı olan sorumluluklarımızı kabul etmeyi reddederken, bir yandan Tanrı'yla antlaşma ilişkisinin yararlarını kendimiz için talep etmeye bir hakkımız yoktur. Bireyleri Tanrı'yla birleşme içine sokan antlaşma, aynı zamanda onları birbirleriyle de kolektif bir birleşme içine sokar. Onları, insanlığın bütün diğer kolektif birimlerinden ayırarak kolektif bir *"halk"* olarak tayin eder.

Eski Antlaşma'da şekillendirilen antlaşma hakkındaki bu ilkeler Yeni Antlaşma'da da değişmeden devam etti. İsa, havarileriyle birlikte Son Akşam Yemeği'ni kutlayıp onlarla ekmek ve şarabı paylaştığında bu hareket aracılığıyla onları kendisiyle bir antlaşma ilişkisine soktu. Kâseyi onlara verip hepsinin içmesini söylediğinde, *"Çünkü bu benim kanımdır, günahların bağışlanması için birçokları uğruna akıtılan antlaşma kanıdır"* demişti (Matta 26:28).

Antlaşma kâsesini sadece O'nunla değil, aynı zamanda birbirleriyle de paylaştılar. Her birini İsa'yla bir antlaşma içine sokan bu ciddi hareket aynı zamanda hepsini birbirleriyle bir antlaşma içine soktu. Bundan böyle, antlaşma ilişkileri sadece dikey olarak İsa'yla değil; aynı zamanda yatay olarak birbirleriyle olacaktı.

Bu, Pavlus'un Rab'bin Sofrası'nın anlamını açıkladığı 1. Korintliler'de ortaya dökülür. Bir tek somun ekmekten yiyip ve bir tek kâseden içenler arasındaki bu yatay ilişkiyi vurgular:

"Tanrı'ya şükrettiğimiz şükran kâsesiyle Mesih'in kanına paydaş olmuyor muyuz? Bölüp yediğimiz ekmekle Mesih'in bedenine paydaş olmuyor muyuz? Ekmek bir olduğu gibi, biz de çok olduğumuz halde bir bedeniz. Çünkü hepimiz bir ekmeği paylaşıyoruz" (1. Korintliler 10:16-17).

Petrus, Mesih'teki yeni antlaşmanın Tanrı'nın İsrail'le yapmış olduğu daha önceki antlaşma gibi aynı etkiye sahip olduğunu, ona girenlerin hepsini kolektif olarak bir *"halk"* olarak tayin ettiğini bildirir:

"Ama siz seçilmiş soy, Kral'ın kâhinleri, kutsal ulus, Tanrı'nın öz halkısınız. Sizi karanlıktan şaşılası ışığına çağıran Tanrı'nın erdemlerini duyurmak için seçildiniz (Petrus burada Tanrı'nın Mısır'dan Çıkış 19:5-6'da İsrail'e söylediği sözlerin aynını tekrarlamaktadır) *Bir zamanlar halk değildiniz, ama şimdi Tanrı'nın halkısınız. Bir zamanlar merhamete erişmemiştiniz, şimdiyse merhamete eriştiniz"* (1. Petrus 2:9-10).

Bunun sonucunda daha ihtiyatlı bir şekilde, nasıl ve kiminle birlik kurduğumuza dikkat etmeliyiz. Bu arada kapalı bir cemaat sistemini savunan biri değilim. Ben her Hristiyan'ın Rabbin Sofrası'ndan yiyip içmeye hakkı olduğunu düşünüyorum. Ancak, bunu yaparken üzerimize yargı gelmemesi için dikkatli olmalıyız.

"Bu nedenle kim uygun olmayan biçimde ekmeği yer ya da Rab'bin kâsesinden içerse, Rab'bin bedenine ve kanına karşı suç işlemiş olur. Kişi önce kendini sınasın, sonra ekmekten yiyip kâseden içsin. Çünkü bedeni fark etmeden yiyip içen, böyle yiyip içmekle kendi kendini mahkûm eder" (1. Korintliler 11:27-29).

Rab'bin kutsal sofrasından yiyip içerken suçlanmamız, Rab'bin bedeninin farkında olmadığımızı gösterir. Bu da Mesih'in bizim için yaptığı fedakârlığın farkında olmadığımız anlamına gelir. Bu aynı zamanda, Mesih'in bedeninin diğer üyelerinin farkında olmamamızdır. Eğer yanlış tutum ve davranışlarla yer ve içersek, kutsama yerine yargıyı yiyip içmiş olacağız. Pavlus, Korint Kilisesi'ne *"İşte bu yüzden birçoğunuz zayıf ve hastadır, bazılarınız da ölmüştür"* (ayet 30) demek için gitmiştir. Birbirimizle girdiğimiz antlaşmadan ve birlikten mahrum kalmak vahim bir durumdur.

Her iki durumda da antlaşmanın nihai amacının birleşme olduğunu zaten görmüştük. Evlilik antlaşmasının amacı erkekle kadının birbirleriyle birleşmelerini sağlamaktır. Tanrı'yla imanlı arasındaki antlaşmanın amacı, Hristiyan'ın Tanrı'yla birleşmesini sağlamaktır. Bu ilke, üçüncü durum olan imanlılar arasındaki antlaşma için de aynı güçle geçerlidir. Amacı bütün imanlıları 'bir'leştirmektir.

İsa, Yeni Antlaşma'nın ekmek ve şarabını öğrencileriyle paylaştıktan sonra onlara Yuhanna 14-16 bölümleri arasında kayıtlı olan uzun ve içten konuşmayı yaptı. Öğrenciler için bu öğreti,

Yuhanna 17. bölümde İsa'nın onlar için ettiği "baş kâhinsel" duayla zirveye ulaştı. Bu dua da, kendisine iman edenlerin hepsi için "bizim bir olduğumuz gibi bir olsunlar" diye Baba'ya yalvarmasıyla sonuçlanır (ayet 22). Bu bağlamda İsa'nın bu yakarışının, az önce son akşam yemeğinde yapılan antlaşmanın dayanaklarını inşa ettiğini anlıyoruz.

Antlaşmanın öngördüğü amaç, Baba ile Oğul arasında var olan birliğe benzer bir doğa ve nitelik birleşmesidir. Bizler imanlılar olarak, bu birleşmeye girene kadar ne Mesih'e, ne de birbirimize karşı antlaşma sorumluluklarımızı yerine getiremeyiz.

Tanrı, Sina Dağı'nda İsrail'le antlaşmasını yaptığında, İsrailliler'e davranışları ve birbirleriyle ilişkileri konularında antlaşmanın onlara yüklediği zorunlulukları hemen açıkladı. Bu zorunlulukların neler olduğu ayrıntılı ve somut bir biçimde Mısır'dan Çıkış 20-23. bölümler arasında belirtilir.

Aynı şekilde Yeni Antlaşma da, Mesih'le yeni antlaşmaya girenlerin hepsi için, antlaşma yoluyla kendilerini adamalarından ötürü birbirleriyle olan ilişkilerinde nasıl olmaları gerektiğini ortaya koyar. İmanlıların birbirlerine karşı, karşılıklı sorumluluklarını ayrıntılı olarak incelemek kitabımızın amacı dışındadır. Ancak Yeni Antlaşma'nın değişik yerlerinde geçen "birbiriniz" sözlerine bakıp buralarda bildirilen karşılıklı sorumlulukların bir listesini yaparak bu sorumluluklar hakkında genel bir bilgi edinebiliriz.

Mesih'le Yeni Antlaşma'ya giren herkesin, birbirlerine karşı aşağıdaki biçimlerde davranması beklenir:

- Birbirlerinin **ayaklarını yıkamak** (Yuhanna 13:14)
- Birbirlerini **sevmeleri** (Yuhanna 13:14 ve aynı şeyi buyuran başka ayetler)
- Birbirlerini **geliştirmeleri** (Romalılar 14:19)
- Birbirlerini **kabul etmeleri** (Romalılar 15:7)
- Birbirlerine **öğüt vermeleri** (Romalılar 15:14 ve aynı şeyi buyuran başka ayetler)
- Birbirlerini **selamlamaları** (Romalılar 16:16 ve aynı şeyi buyuran başka ayetler)
- Birbirlerine **hizmet etmeleri** (Galatyalılar 5:13)

- Birbirlerinin **yüklerini taşımaları** (Galatyalılar 6:2)
- Birbirlerine karşı **hoşgörülü olmaları** (Efesliler 4:2)
- Birbirlerini **bağışlamaları** (Efesliler 4:32)
- Birbirlerine **boyun eğmeleri** (Efesliler 5:21)
- Birbirlerine **öğretmeleri** (Koloseliler 3:16)
- Birbirlerini **teselli etmeleri** (1. Selanikliler 4:18)
- Birbirlerini **yüreklendirmeleri** (İbraniler 3:13)
- Birbirlerini **sevgi ve iyi işler için gayrete getirmeleri** (İbraniler 10:24)
- Birbirlerine **günahlarını itiraf etmeleri** (Yakup 5:16)
- Birbirleri için **dua etmeleri** (Yakup 5:16)
- Birbirlerine karşı **konuksever olmaları** (1. Petrus 4:19)
- Birbirlerine karşı **alçakgönüllülüğü takınmaları** (1. Petrus 5:5)

İmanlılar olarak birbirimize karşı yukarıda belirtilen sorumluluklarımızı yerine getirdiğimiz oranda, yeni antlaşmanın maddelerine uyuyoruz demektir.

Yeni antlaşmanın şartları, Sina Dağı'nda yapılan antlaşmanınkinden biraz farklı bir şekilde dile getirilmiş olsa da, her ikisindeki temel ilke aynıdır: Tanrı'yla antlaşmaya girenler bunu yapmanın kaçınılmaz sonucu olarak birbirleriyle de antlaşma içine girerler. Her iki antlaşmada da sorumluluklar iki yöndedir: Dikey olarak halkıyla Tanrı arasındaki antlaşma; yatay olarak, halkının üyelerinin arasındaki antlaşma.

Antlaşmayı Ancak Ölüm Geçerli Kılar

Her iki antlaşmada da aynı şekilde kabul gören bir başka ilke de, bir antlaşmanın ancak kurban aracılığıyla geçerli olabileceğidir. Bu genel ilke, ikinci bölümde gördüğümüz gibi İbraniler'de dile getirilmiştir:

"Ortada bir vasiyet varsa, vasiyet edenin ölümünün kanıtlanması gerekir. Çünkü vasiyet ancak ölümden sonra geçerli olur. Vasiyet eden yaşadıkça, vasiyetin hiçbir etkinliği yoktur" (İbraniler 9:16-17).

Bunu izleyen üç ayette, İbraniler'in yazarı bu ilkeyi Musa aracılığıyla Sina Dağı'nda verilen Tanrı'yla İsrail arasındaki antlaşmaya kesin olarak uyarlar:

"Bu nedenle ilk antlaşma bile kan akıtılmadan yürürlüğe girmedi. Musa, Kutsal Yasa'nın her buyruğunu bütün halka bildirdikten sonra su, al yapağı, mercanköşkotu ile danaların ve tekelerin kanını alıp hem kitabın hem de bütün halkın üzerine serpti. 'Tanrı'nın uymanızı buyurduğu antlaşmanın kanı budur' dedi" (İbraniler 9:18-20).

Her iki durumda da, kurbanın ölümü, kurban aracılığıyla antlaşmaya girenlerin ölümünü temsil ediyordu. Musa tarafından kurban edilen hayvanlar İsrail'e sadece, antlaşmanın ancak ölüm aracılığıyla geçerli olduğunu hatırlatıyorlardı ve henüz sunulmamış olan değişik türde bir kurbanı temsil ediyorlardı.

Diğer yandan İsa'nın çarmıhtaki ölümü bizim yerimizeydi. İsa, kendisi aracılığıyla Tanrı'yla antlaşma içine girecek olan herkesin kişisel temsilcisi olarak öldü. Her bir imanlı daha sonra onunla özdeşleşebilsin diye, İsa ölümüyle bu kişilerin her biriyle kendini özdeşleştirdi.

İmanlı kendini bu iki taraflı özdeşleştirme sürecine adamaya devam ettikçe, İsa'nın ölümü gerçekten ve etkin bir şekilde imanlının ölümü olur. Bu ilke Pavlus tarafından 2. Korintliler'de çok açık bir biçimde dile getirilmiştir:

"Bizi zorlayan, Mesih'in sevgisidir. Yargımız şu: Biri herkes için öldü; öyleyse hepsi öldü. Evet, Mesih herkes için öldü. Öyle ki, yaşayanlar artık kendileri için değil, kendileri uğruna ölüp dirilen Mesih için yaşasınlar" (2. Korintliler 5:14-15).

Pavlus'un vardığı sonuç hem açık, hem de mantıklıdır. *'Öyleyse hepsi öldü'* sözleriyle özetlenmiştir. İsa'nın ölümünü kendi ölümümüz olarak kabul edersek, o zaman "kendimizi ölü kabul etmemiz" gerekir (Romalılar 6:11). Bundan ötürü bizler kendimiz için yaşamaya özgür değiliz. Bunun uygulaması iki yönlüdür: Dikey olarak Rab'be karşı ve yatay olarak Rab'bin halkına karşı. Rab'le Avram birbirleriyle bir antlaşmaya girdiklerinde, her biri sadece kendileri için yaşama hakkından gönüllü olarak vazgeçmişti. Her biri antlaşmanın "kesilmesiyle" birbirine aslında şöyle diyordu: "Bu benim ölümüm, bu antlaşmaya girerken ölüm aracılığıyla giriyorum. Şimdi artık antlaşmada olduğuma göre artık yaşamaya hakkım yok."

O unutulmaz gecede Rab'le Avram arasında karşılıklı olarak yapılan antlaşmanın aynısı İsa'nın ölümü aracılığıyla birbirleriyle antlaşma içine girenler için yeniden yapılmıştır. Her birimiz Rab'le Avram'ın eski zamanlarda ilk örneğini verdikleri karşılıklı antlaşmayı yeniden onaylarız. Her biri bir diğerine, "Bu benim ölümüm. Bu antlaşmaya girerken ölüm aracılığıyla giriyorum. Şimdi antlaşmada olduğuma göre, artık yaşamaya hakkım yok" der.

Yuhanna yazdığı birinci mektupta, antlaşmamızı imanlı kardeşlerimizle olan ilişkilerimizde geçerli kılan tek şeyin ölüm olduğunu özellikle belirtmiştir:

"Sevginin ne olduğunu Mesih'in bizim için canını vermesinden anlıyoruz. Bizim de kardeşlerimiz için canımızı vermemiz gerekir. Dünya malına sahip olup da kardeşini ihtiyaç içinde gördüğü halde ondan şefkatini esirgeyen kişide Tanrı'nın sevgisi olabilir mi?" (1. Yuhanna 3:16-17).

"Gerekir" sözcüğü, aynı antlaşmanın ortakları olduğumuzu iddia ediyorsak kendisinden kaçamayacağımız bir yükümlülüğün var olduğunu dile getirir. Yuhanna, "canımızı vermemiz"den söz ettiğinde sadece ya da öncelikle fiziksel ölümden söz etmez. Bunu çok açık bir biçimde belirtir. Çünkü bunu izleyen ayette, "dünya mallarımızı" imanlı kardeşlerimizle paylaşmamız gerektiğine vurgu yapar. Eğer meşru bir gereksinim olduğunda bunu yapmaya razı değilsek, o zaman "canlarımızı vermeye" razı olmayız. "Canlarımızı vermek" demek, antlaşma kardeşlerimizle hem kendimizi hem de sahip olduğumuz şeyleri paylaşmak demektir. Eğer bunu yapmaya razı değilsek antlaşma adanmamız gerçek ve içten değil demektir.

Yeni Yaşam Biçimi: Koinonia

Yunancada Yeni Antlaşma aracılığıyla girdiğimiz değişik yaşam biçimini tanımlayan çok önemli bir sözcük vardır. Bu sözcük *koinonia*'dır. İsim halindeki *koinonia*, "ortak" anlamına gelen *koinos* sıfatından gelir. *Koinonia* sözcüğünün harfiyen çevirisi "ortak olma"dır. İki ya da daha fazla kişinin ortak şeyleri olmadığı alanlar varsa bu alanlarda *koinonia*ları yoktur. Kudüs'teki ilk imanlılar topluluğu hakkında, *"Her* *şeylerini ortak kabul ediyorlardı"* denirdi (Elçilerin İşleri 4:32). Bu *koinania*ydı.

Yeni Antlaşma'nın İngilizce çevirilerinin çoğunda *koinonia* sözcüğü, *"fellowship"* (paydaşlık) sözcüğüyle, bazı çevirilerde ise "to be in union with" (birlik içinde olmak) ya da "to share in common life" (ortak bir hayatı paylaşmak) gibi sözcüklerle karşılanmıştır. İncil'in çağdaş Türkçe çevirisinde de *koinonia* sözcüğünün karşılığı olarak "paydaşlık", "katılma", "işbirliği", "ortak olma" ya da "ortaklık" gibi benzer anlama gelen ama yine de birbirinden farklı sözcükler buluruz. Bu durum, yabancı dilden gelen bir sözcüğü İngilizcede (ya da Türkçede) tek bir sözcükle karşılamaktaki zorluktan kaynaklanır. Bu nedenle bu bölümde bu sözcüğü eski Yunanca biçimi olan *koinonia* olarak kullanmayı sürdüreceğim.

Koinonia, gerçek birliğin uygulanmasıdır. *Koinonia*'nın kusursuz örneği Baba Tanrı'yla Oğul Tanrı arasındaki ilişkidir. Yuhanna 10:30'da İsa şöyle dedi: *"Ben ve Baba biriz."* Baba ve Oğul arasındaki birlikte *koinonia*'nın temelidir. Yuhanna 16:14-15'te İsa, Kutsal Ruh hakkında, *"Benim olandan alacak ve size bildirecek"* demesiyle bize bunu hayata nasıl uygulayabileceğimizi anlatmaktadır. İsa sözüne şöyle devam eder: *"Baba'nın her nesi varsa benimdir."* Yani İsa, "Bana ait olan her şeye ben kendiliğimden gelen bir hakla değil, Baba'yla olan birliğimden gelen bir hakla sahip oldum" diyor.

Yuhanna 17:10'da İsa aynı şeyi yine Baba'ya ettiği duada dile getirir: *"Benim olan her şey senindir, seninkiler de benimdir. (...)"* Bu, her şeye ortak sahip olmak olan kusursuz *koinonia*'dır.

Bu anlamda müjde, Baba ve Oğul'dan insanlığın bütün üyelerine kendilerinin birbirleriyle paylaştıkları kusursuz *Koinonia*'yı paylaşmaları için bir davettir. 1. Korintliler 1:9'da Pavlus *"Sizi Oğlu Rabbimiz İsa Mesih'le beraberliğe (koinonia) çağırmış olan Tanrı güvenilirdir"* der. Burada "araç" ve "amaç" arasındaki farkı anlamak önemlidir. Çünkü birçok dinsel etkinlikler "amaç" değil "araç"tır. Bu etkinliklerin kendi başlarına bir değerleri yoktur. Ancak kendi başlarına değerleri olan "amaç"ları gerçekleştirebilmemize yardım ettikleri sürece bir yararları olur. *Koinonia* kesinlikle "araç" değil, bir "amaç" kategorisine girer. Hatta, yararlı olan bütün dinsel etkinliklerin en üstün ve nihai amacının *Koinonia* olduğunu söyleyebiliriz.

Yuhanna da müjdenin nihai amacının, inanan herkesi Baba'yla Oğul'un kendi aralarında tadını çıkarttıkları sonsuz *Koinonia*'nın aynısına kavuşturmak olduğunu belirtir.

"Evet, sizin de bizlerle paydaşlığınız olsun diye gördüğümüzü, işittiğimizi size duyuruyoruz. Bizim paydaşlığımız (koinonia) da Baba'yla ve Oğlu İsa Mesih'ledir. Bunları size, sevincimiz tam olsun diye yazıyoruz" (1. Yuhanna 1:3-4).

"Gördüğümüz ve işittiğimiz" ifadesi, Mesih'in havarilerinin gözleriyle yaptıkları tanıklığı vurgular... Bundan dolayı, Tanrı'nın müjde kayıtlarını koruyup günümüze aktarmasının ana amacı bu ayetlerin içinde saklıdır. Böylece, tüm inananlar ve itaat edenlerin, göklerdeki yaşam biçimi olan kusursuz ve sonsuz *koinonia*yı paylaşma fırsatı olur.

Koinonia'nın Bedeli

Ancak *koinonia* ucuz bir şey değildir. Ödenmesi gereken bir bedel vardır. İki değişmez taleple belirlenmiştir. Bunlardan ilki, adanmadır; ikincisi ise "ışıkta yürümek" denilen yaşam biçimidir.

Gördüğümüz gibi antlaşma, birliğin kapısıdır. Sadece bir antlaşmanın gerektirdiği biçimde tam ve hiçbir şeyi kendine saklamayan bir adamayla kendilerini adamaya razı olanlar birbirleriyle gerçek bir birlik içinde olabilirler. Bu aynı şekilde, karı koca, imanlıyla Tanrı ve imanlıların kendi aralarındaki ilişkiler için de geçerlidir.

Birincil koşul tamam olunca, adanmışlığın hayata uygulanması anlamına gelen "ışıkta yürümek" de gerekir. Yuhanna şöyle der: *"Ama O ışıkta olduğu gibi biz de ışıkta yürürsek, birbirimizle paydaşlığımız olur (...)"* (1. Yuhanna 1:7). *Koinonia*'yı yaşamanın tek yolu ışıkta yaşamaktır. Kutsal Kitap'ın *koinonia*dan söz ettiği her yerde, standart Tanrı'nın kendisidir. O standart burada "O ışıkta olduğu gibi" sözleriyle dile getirilir. Tanrı, insanlığı Kendi *koinonia* düzeyine yükseltmeye isteklidir ama *koinonia* standardını, henüz günahtan kurtarılmamış hatta kurtarıldıktan sonra Mesih'i reddedip eski yollarına dönmüş insanlığın standardına indirmeye rıza göstermez.

Aynı zamanda, *"ışıkta"* sözcüğü *koinonia*'da neyin paylaşılabileceğinin sınırlarını da belirler. Ahlak açısından Kutsal Yasa'ya karşı gelen her şey "ışıkta" değildir. Tam tersine, karanlıktadır. Bunun çok açık bir örneği cinsel ilişki alanında verilebilir. Bir erkekle karısının birbirleriyle cinsel ilişkide bulunmaları Tanrı'nın ahlak standardına uygundur. Bu tam olarak *"ışıkta"*dır. Ama her ikisinin de birbirlerinden başka biriyle cinsel ilişkide bulunmaları Kutsal Yasa'ya aykırıdır. Böyle olduğunda ilişki artık *"ışıkta"* olmaz.

Bu şart göz önüne bulundurulduğunda, ışıkta yürümek *koinonia* içinde olanların hepsinin arasında tam, sürekli içtenlik ve açıklık içinde devam eden bir ilişkidir. Hiçbir şey saklanamaz, gerçekte olduğundan farklı gösterilemez, esirgenemez. İlişki ister karı koca arasında, ister kendilerini birbirlerine adamış olan bir grup imanlı arasında olsun, özü aynıdır. Bunu, üçüncü bölümde karı koca ilişkilerini tanımlamak için kullandığımız sözlerle özetleyebiliriz: Kişilerin birbirlerine hiç çekinmeden tamamen açılması.

Koinonia'nın sınırları, Tanrı'nın yasası ve mutlak dürüstlük olmak üzere iki etken tarafından belirlenir. Tanrı'nın yasası sınırları belirler; Kutsal Yasa'ya karşı gelen her şey *koinonia* olmaktan çıkar. Işık değil, karanlıktır. Ama o sınırlar içinde, ışık tam olmalı ve engellenmemelidir.

İçeriye sahtekârlık, samimiyetsizlik ya da bencillikten kaynaklanan çekinmeler sızdığında ışık donuklaşmaya başlar. *Koinonia* artık Tanrısal düzeyde değildir.

Birbirleriyle paydaşlık içinde olmayı arzulayan ama bu şartları yerine getirmeyi istemeyen Hristiyanlar hakkında ne söyleyebiliriz? Mantıklı olarak, cinsel bir ilişkiyi arzulayan ama evliliğin şartlarını yerine getirmeye razı olmayan bir erkekle kadın için söylediklerimizin aynısını. Ulaştıkları sonuç *koinonia* değil "zina" dır. Bu, ister fiziksel düzeyde bir erkekle bir kadın arasında, ister ruhsal düzeyde birbirleriyle kalıcı bir ilişki arayışında olan Hristiyanlar arasında olsun aynı derecede gerçektir. Kendilerini Tanrı'nın şartlarına bağlı saymayanlar, Tanrı'nın standardına göre, zina işleyenlerle birdirler. Bunun, zinayla eşit sayılan ruhsal bir "ihanet" olduğu Eski Antlaşma'da resmen ve açıkça dile getirilir ve Eski Antlaşma peygamberleri İsrail'i defalarca bununla suçlarlar.

Hristiyan bir toplulukta, imanlılar aralarındaki bu tür yanlış ve adanmamış ilişkiler, sonuç olarak yanlış bir cinsel ilişki sürdüren bir erkekle kadınınkine çok benzer. İncinirler, aralarında acılık, didişme, bozuk ilişkiler, yerine gelmemiş vaatler ve tatmin olmamış özlemler vardır. Sonuçları değerlendirdiğimizde, günümüzde Hristiyan olduğunu söyleyen birçok toplulukta gerçek *koinonia* olduğuna dair çok az, ama ruhsal zina olduğuna dair bol kanıt vardır.

Bu bölümdeki amacımız, bu dramatik durum için Kutsal Kitap'ın sunduğu çözümü açıkça ortaya koymaktır. Çare, Tanrı'nın taleplerini yerine getirmeye dönmektir: "Işıkta yürümek"le yaşanan adanmış bir antlaşma.

YEDİNCİ BÖLÜM

KARAR NOKTASI

Önceki bölümlerde, yaşamdaki en önemli ilişkilerden üçünü ele almıştık. Bunlar önem sırasına göre, Tanrı'yla olan kişisel ilişkimiz, eşimizle olan ilişkimiz (eğer evliysek) ve Tanrı'nın imanlı halkıyla olan ilişkilerimizdir. Bu alanların her birinde Tanrı'nın, kendisine inanıp itaat edecek olanlara sunduğu ilişkinin nasıl olduğunu gördük.

Belki bu alanlardan bir ya da daha fazlasında Tanrı'nın standardından daha alçak bir seviyede yaşamakta olduğunuzun farkına vardınız. Yeni bir seviyeye çıkmaya hazırsınız, ama bunu nasıl yapmanız gerektiğinden emin değilsiniz. Öyleyse size her durumda geçerli olan basit ve hayati bir şartı hatırlatmama izin verin. Bu şart, bu kitapta birçok kez kullandığımız bir sözcükle ifade edilir: *Adanma*.

Tanrı'ya Adanmak

İlk önce Tanrı'yla kişisel ilişkiniz hakkında konuşmama izin verin. Kiliseye giden ya da en azından bir kilise geçmişi olan biri olabilirsiniz. Dindar insanlar arasında kabul gören sözcükler biliyor olabilirsiniz. Tanrı'nın gerçek olduğunu hissettiğiniz zamanlarda kendinizi yükseklere alınmış ve esin dolu hissettiğiniz zamanlar yaşamış olabilirsiniz.

Diğer yandan, hiç kilise geçmişi olmayan biri de olabilirsiniz. Belli bir dinin takipçisi olmadığınız halde, yüreğinizdeki açlığın tatmin edilmesinin özlemini çekiyor olabilirsiniz.

Ya da her iki gruba da dahil olmayabilirsiniz. Bulunduğunuz yere kendinize özgü bir yoldan gelmiş olabilirsiniz. Şu anda önemli olan bu değildir. Önemli olan, Tanrı'yla yakın ve kişisel bir ilişki arzuladığınız bir noktaya gelmiş olmanızdır (bir daha asla sorgulama gereği duymayacağınız kadar derin ve gerçek bir ilişki). Bu yüzden, İsa Mesih aracılığıyla kendinizi bütün kalbinizle Tanrı'ya adamaya hazırsınız.

Kendinizi adamanın doğal yolu, bunu dua aracılığıyla yapmaktır. Bu yolla kalbinizdekileri dile getirmiş olursunuz. Sözcüklerin ağzınızdan dökülmesi konunun içeriğini belirler. Adanmanızı *somut olarak* yapmış olursunuz. Böyle dua etmek bir köprüden geçmek gibidir. Sizi yetkili olduğunuz yeni bir bölgeye götürür. O andan itibaren, zihninizin bulanık bölgesindeki belirsiz ve tanımlanmamış şeylere güvenmezsiniz. Dua ettikten sonra kendinizi *neye* adadığınızı bilirsiniz. Aynı zamanda, adandığınız zamanı ve yeri bilirsiniz. Bu karar noktası, Tanrı'yla sonsuza dek sürecek olan ilişkinizin somut bir başlangıç noktasına dönüşür (zaman ve mekanla sınırlanmış dünyamızda belirlenmiş bir nokta).

Size tavsiyem, şu anda elinizdeki kitabı bırakıp dua etmenizdir! Kendi sözcüklerinizle dua edebileceğinizi hissediyorsanız öyle yapın. Ama bu size zor geliyorsa, aşağıda kullanabileceğiniz örnek bir dua veriyorum:

Tanrım,

Seni gerçek ve kişisel bir biçimde tanıma arzusunu kalbime sen koydun. Her şeyi tam olarak anlamasam bile, Kutsal Kitap'ın İsa Mesih hakkında söylediklerine, yani O'nun benim günahlarımı kendi üzerine aldığına, benim yerime öldüğüne ve ölümden dirildiğine inanıyorum. O'nun adıyla, şimdi benim bütün günahlarımı bağışlamanı ve beni kendi çocuğun olarak kabul etmeni istiyorum. İçtenlikle ve bütün kalbimle kendimi, olduğum her şeyi ve sahip olduğum her şeyi sana adıyorum. Beni olduğum gibi al ve beni olmamı istediğin kişi yap. Bu duayı duyduğuna ve beni kabul ettiğine imanla inanıyorum. Teşekkür ederim.

İsa'nın adıyla, Amin.

Adanma duanızı ettikten sonra, bu konuda düşüncelere dalmayın. Basit ve sade bir imanla Tanrı'nın sözüne inanın. Tanrı kendisine İsa Mesih aracılığıyla geldiğinizde sizi kabul etmeye söz verdi. Öyleyse söz verdiği şeyi yaptığından ötürü O'na teşekkür edin. O'na teşekkür etmeye devam edin! O'na ne kadar teşekkür ederseniz imanınız o kadar çok büyüyecektir.

Bundan sonra, Tanrı'yla yeni ilişkinizi geliştirmeyi en büyük amaç edinin. Bu size yaşamınızdaki değişik etkileri ve etkinlikleri değerlendirirken basit bir standart sağlar: Bunlar Tanrı'yla olan ilişkinizi kuvvetlendiriyorlar mı? Yoksa zayıflatıyorlar mı? Tanrı'yla olan ilişkinizi kuvvetlendiren unsurlara hayatınızda gitgide artan bir biçimde daha çok yer açın ve O'nunla olan ilişkinizi zayıflatan unsurları da hayatınızdan çıkarın ve onlara yer vermeyin. Tanrı'yla kişisel ilişkimizi kuvvetlendiren özellikle önemli iki şey vardır.

Bunlardan ilki, kendinizi Tanrı'ya adadığınızı etrafınızdakilere bildirmektir. Bu konuda saldırganlaşmanız ya da dindar havalara girmeniz gerekmez. Ama günlük hayatın akışında önünüze fırsatlar çıktıkça, artık hayatınızın denetiminin tümünün İsa'da olduğunu, abartmadan ama kesin bir biçimde ifade edin.

İkincisi, her gün Tanrı'yla geçirmek üzere bir zaman ayırın. Bu zamanın bir kısmını Kutsal Kitap'ınızı okumaya, bir kısmını da dua etmeye, yani Tanrı'yla içten ve doğal bir şekilde konuşmaya ayırın. Bu şekilde Tanrı'yla karşılıklı iletişimi kesintisiz sürdürebilirsiniz. Siz Kutsal Kitap'ınızı okudukça Tanrı sizinle konuşur. Dua ettikçe siz Tanrı'yla konuşursunuz.

Hemen bir azize dönüşmeniz beklenmez! Zaman zaman başarısızlığa uğrarsanız cesaretiniz kırılmasın. Başarısızlıklarınızı Tanrı'ya itiraf edin ve O'ndan sizi bağışlamasını isteyin. *"Ama günahlarımızı itiraf edersek, güvenilir ve adil olan Tanrı günahlarımızı bağışlayıp bizi her kötülükten arındıracaktır"* (1. Yuhanna 1:9). Diğer insanlar sizin başarısızlıklarınızdan etkilendiğinde, onlardan da sizi bağışlamalarını istemeniz gerekebilir. Ama pes etmeyin! Adanmanın karşılıklı bir ilişki olduğunu unutmayın. Adanmış olan yalnızca siz değilsiniz, aynı zamanda Tanrı da kendini size adamıştır. Ve O'nun gücü her şeye yeter!

Eşinize Adanmak

Önem sırasına göre ele aldığımız ikinci alan, eşinizle aranızdaki ilişkinizdir. (Tabii ki, eğer evli değilseniz ve evlenmeyi de düşünmüyorsanız bu bölüm sizi doğrudan ilgilendirmiyor.)

Bu kitabı okumadan önce kendinizi Tanrı'ya adamış bir imanlı olabilirsiniz. Ya da adanma duanızı, henüz bundan önceki bölümü okuduktan sonra etmiş olabilirsiniz. Ama her iki durumda da şimdi evliliğinizin olması gerektiği gibi olmadığı gerçeğiyle yüz yüzesiniz. Belki de ilk kez olarak onun nasıl olabileceğinin bilincine vardınız. Kendini Tanrı'ya adamış imanlılar için evliliğin *"üç katlı bir iplik"* (Vaiz 4:12); kendiniz, eşiniz ve Tanrı arasında bir antlaşma olduğunu anladınız. Ama antlaşmayı etkin kılmak için, kişisel olarak evliliğinize adanmanız ve böylelikle evliliğinizde şimdiye kadar eksik olan malzemenin yani Tanrı'nın, her şeye yeterli ve doğaüstü lütfunun ilişkinize gelmesini sağlamanız gerekmektedir.

İdeal olarak, siz ve eşinizin Tanrı'ya ve birbirinize adanmanızı aynı zamanda yapmanız gerekir. Ancak bazen taraflardan biri, diğerinden önce kendini bunu yapmaya hazır hisseder. Bu yüzden eğer siz hazırsanız ama eşiniz hazır değilse siz şimdi kendinizi adayın ve eşinizi sizin eriştiğiniz noktaya, karar noktasına getirmesi için Tanrı'ya güvenin. Sonra bu gerçekleştiğinde adanmanızı birlikte yenileyebilirsiniz.

Kendi sözcüklerinizle dua edebileceğinizi hissediyorsanız bunu yapın. Yoksa aşağıda kullanabileceğiniz hazır bir dua veriyorum:

Baba Tanrı,

Sana Kurtarıcım ve Rab'bim İsa'nın adıyla geliyorum. Beni İsa'nın kanı aracılığıyla kurtardığın ve şimdi sana ait olduğum için sana teşekkür ediyorum. Sana evliliğim için teşekkür ediyorum. Sana eşim için teşekkür ediyorum. Kendimi sana, evliliğime ve eşime adamak istiyorum. Canımı eşim için vermeye, yaşamımı onun aracılığıyla yaşamaya, eşimin iyiliğini kendiminkinden önce arzulamaya, eşimin bereketleri ve başarısıyla sevinmeye ve onları kendimin saymaya ve şimdi eşimin yaşamında yaşamaya hazırım. Tanrım, bu adamayı İsa'nın adıyla kabul et. Onun üzerine Kutsal Ruhun'un mührünü bas. Bugünden itibaren evliliğimizi ve evimizi yepyeni bir şekilde kutsa. İsa'nın adıyla, Amin.

Adı, "Tanrı'ya adanma" olan bir önceki bölümümüzde bu adanmayı etkin kılmak için bazı basit adımlar önermiştik. Bu ilkelerin çoğu şimdi eşiniz ve evliliğinize adanmanız konusunda da geçerlidir.

İlk olarak, önceliklerinizin doğru sırada olduğundan emin olun. Büyük bir olasılıkla bu bazı düzeltmeler gerektirecektir. Tanrı'yla kişisel ilişkinizden sonra, yaşamınızdaki ikinci en önemli alanı evliliğiniz ve aile hayatınızdır. Yaşamınızdaki değişik etkinlikleri buna göre değerlendirin. Evliliğinizi ve aile hayatınızı kuvvetlendirecek şeylere hayatınızda giderek daha çok yer ayırın ve bunun tam tersi sonuçlar oluşturan etkinliklere giderek daha az yer verin.

Tanrı'yla kişisel ilişkinizle bağlantılı olarak, Tanrı'yla karşılıklı iletişimi sürdürebilmek için vakit ayırmanız gerektiğini belirtmiştik. Aynı şey, eşinizle olan ilişkiniz için de geçerlidir.

Eşinizle aranızda açık ve sürekli bir iletişim olması yaşamsal önem taşır. Bu zaman alacaktır (muhtemelen şimdiye kadar bunun için ayırdığınızdan çok daha fazla zaman). Zamanınızı değerlendirme şekliniz, önceliklerinizi belirleyen en güvenilir göstergedir. Evliliğinizin sizin için önemli olduğunu söyleyebilirsiniz, ama eğer diğer etkinlikler için gereğinden fazla zaman ayırıyorsanız o zaman onlara evliliğinizden daha çok değer veriyorsunuz demektir.

"Birlikte dua eden aile, birlikte kalır" diye bir söz vardır. Bu sözdeki gerçek payı büyüktür. Otuz yıl boyunca Lydia ve ben hemen her gün, genelde günde iki kez birlikte dua ettik ve Kutsal Kitap okuduk Tanrı'yla ve birbirimizle geçirdiğimiz bu iletişim zamanlarında, Tanrı bizimle sık sık samimi bir şekilde konuştu. Bu zamanlar evliliğimizi başarılı kılan en önemli unsurlardandı.

Bazen eşlerin birbirlerinin yanında yüksek sesle dua etmekte zorlandıklarını gördüm. "Ses engelini" aşmak zor görünür. Ama bunun üzerinde çalışın! Birbirinize karşı sabırlı olun. Sonunda bunun size sağlayacağı yarar, ilk önceleri hissettiğiniz utanma ya da tuhaflık duygusunu kat be kat geçecektir. Eşinizin yanında Tanrı'yla serbestçe konuşabilmeniz, Tanrı'nın ailenizin gerçekten bir üyesi olduğunun kesin kanıtıdır (Tanrı'nın özlemini çektiği şey de budur).

Bu konuda son bir şey söylemek istiyorum. Evliliğinizin başarıya ulaşması için bir daha asla sadece kendi çabalarınız ve yeteneklerinize güvenmeyin. Hiçbir evlilik, Tanrı'nın doğaüstü lütfu olmadan Tanrı'nın istediği biçimi alamaz. Eşinize ve evliliğinize adanmış olmanız, artık bu lütfu size daha önce hiçbir şekilde tatmadığınız bir cömertlikle sağlamaktadır. Bundan bol bol yararlanın! Tanrı bizlere, *"(...)Lütfum sana yeter. Çünkü gücüm, güçsüzlükte tamamlanır (...)"* (2. Korintliler 12:9) demiştir. Tanrı'nın lütfu ve gücü, her zorlukta size yardımcı olacaktır. Eğer kafanız karışır, cesaretiniz kırılır, kendinizi yetersiz hissederseniz, size lütfu ve gücünden ekstra bir pay vermesi için hemen o anda ve orada Tanrı'ya güvenin. O'nu işbaşında görmeyi umut edin (belki de daha önce hayal bile edemediğiniz yollarla). O'nu değişmeye muhtaç olan her şeyi değiştirirken görmeyi umut edin (sizi, eşinizi, tüm durumu). Sizi hayal kırıklığına uğratmayacaktır.

Tanrı'nın Halkına Adanmak

Bu kitapta irdelediğimiz üçüncü ilişki alanı, adına *koinonia* dediğimiz yaşamınızı Tanrı'nın halkıyla paylaşmaktır. Ruhsal alanda gerçekten tatmin olmak için bu tür bir ilişkiye ihtiyacınız vardır. Bu olmadan, tamamıyla Tanrı'nın olmanızı istediği kişi olamazsınız. Bu hem bekârlar, hem evli çiftler için aynı derecede gerçektir. Hepimiz kendimizden daha büyük bir şeyin parçası olmanın gereksinimini duyarız.

1. Korintliler 12:13-27'de Pavlus imanlı bireyleri bir bedeni oluşturan değişik parçalara benzetir. Hiçbir parçanın kendi başına etkin bir biçimde işlevini görmeyeceğini açıklar. Her birinin diğerlerine ihtiyacı vardır. *Göz ele, 'Sana ihtiyacım yok!' ya da baş ayaklara, 'Size ihtiyacım yok!' diyemez* (ayet 21). İnanlı bireyler olarak gerçek tatmin ve bütünlüğe diğer imanlılarla birlikte tek bir beden gibi işlev görebileceğimiz biçimde adanmış bir ilişkiyle sahip olabiliriz.

Bu tür bir ilişki bir seçenek değildir. Kendi ruhsal sağlığımız için yaşamsal önem taşır. Daha önce aktardığımız ayete bir kez daha bakalım:

"Ama O ışıkta olduğu gibi biz de ışıkta yürürsek, birbirimizle paydaşlığımız olur ve Oğlu

İsa'nın kanı bizi her günahtan arındırır" (1. Yuhanna 1:7).

Burada bir *"eğer"*in var oluşu bizleri ruhsal deneyimin iki bağlantılı gerçeğiyle yüz yüze getirir. Bunlardan ilki, ışıkta yaşadığımızın en önemli kanıtının birbirimizle *koinonia*'mız olmasıdır. Diğer imanlılarla *koinonia* ilişkisine sahip değilsek, bu aslında ışıkta yürümediğimizin kanıtıdır. İkinci olarak, eğer *koinonia*'nın ışığında değilsek bizi saf, temiz ve günahtan uzak tutan tek şey olan, İsa'nın kanıyla sürekli bir temizlenmeyi artık yaşamıyoruz demektir.

Adanmış bir grupla düzenli paydaşlık etme sorumluluğumuz İbraniler'de şöyle ifade edilir:

"Birbirimizi sevgi ve iyi işler için nasıl gayrete getirebileceğimizi düşünelim. Bazılarının alıştığı gibi, bir araya gelmekten vazgeçmeyelim; o günün yaklaştığını gördükçe birbirimizi daha da çok yüreklendirelim" (İbraniler 10:24-25).

Burada yine, birbiriyle bağlantılı iki gerçek vardır: Birincisi, birbirimizi uyarmak ve yüreklendirmek için sorumluyuz. İkincisi, bunu ancak "bir araya gelmekten" vazgeçmezsek yapabiliriz.

Bu sözler açıkça, her birimizin "kendi topluluğumuz" diyebileceğimiz bir grupla ilişki içinde olduğunu varsayar.

Bizi bu tür bir ilişkiye sokan hayati adım, bizi Tanrı'yla ya da eşimizle doğru bir ilişki içine sokan adımla aynıdır: Adanmak (sadece bir başka bireye değil, kendileri karşılıklı adanmayla birleşmiş olan bir gruba adanmak). Bu bölümde ele alınan ilk iki şekilde (Tanrı'ya ve eşinize) kendinizi adadıysanız, bir grup imanlıya karşı bu üçüncü adanmayı da yerine getirmelisiniz.

Ne yazık ki, günümüz Hristiyanlar'ı arasında Kutsal Kitap kaynaklı bir temeli olan, gerçek, karşılıklı adanmış bir Hristiyan grup bulmak her zaman kolay bir şey değildir. Ancak Tanrı'nın önünde böyle bir grupla özdeşleşme ihtiyacında olduğunuzu kabul eder ve sonra da size yol göstermesi için gayretle dua ederseniz size ne yapmanız gerektiğini göstereceğine emin olabilirsiniz. Tanrı'nın kendisini arayanları ödüllendirmeyi vaat ettiğini unutmayın (bkz. İbraniler 11:6). Eğer Tanrı'yı aramakta içten ve gayretliyseniz ödülünüzü alacaksınız.

Gereksinimlerinizi karşılayacak türde bir grubun nasıl olması gerektiğini anlamakta size yol göstermesi için herhangi kesin bir adanmada bulunmadan önce sormanız gereken dokuz soru vardır:

1- Rab İsa Mesih'i onurlandırıp yüceltiyorlar mı?
2- Kutsal Kitap'ın otoritesine saygı gösteriyorlar mı?
3- Kutsal Ruh'un işlemesine izin veriyorlar mı?
4- Tavırları sıcak ve dostça mı?
5- İmanlarını gündelik hayatta somut bir şekilde uygulamaya koymaya çalışıyorlar mı?
6- Sadece toplantılara katılmaktan başka kendi aralarında kişisel ilişkiler geliştiriyorlar mı?
7- Size bütün meşru gereksinimlerinizi kucaklayan şekilde ilgi gösteriyorlar mı?
8- Diğer Hristiyan gruplarla paydaşlığa açıklar mı?
9- Onların arasında kendinizi rahat ve evinizde hissediyor musunuz?

Eğer katılmayı düşündüğünüz grupla ilgili olarak bu soruların tümüne ya da çoğuna "evet" diyorsanız, ısınmaya başlıyorsunuz demektir.

Ancak, size kesin olarak yol gösterene dek Tanrı'ya bu konuda dua etmeyi sürdürün.

"Kusursuz grubu" bulamayacağınızı unutmayın. Dahası, eğer bulsaydınız bile ona katılmazdınız çünkü siz katıldıktan sonra grup artık kusursuz olmaktan çıkardı.

Son olarak yüreklendirici ama aynı zamanda da uyarıcı bir söz:

"Tanrı kimsesizlere ev verir, tutsakları özgürlüğe ve gönence kavuşturur, ama başkaldıranlar kurak yerde oturur" (Mezmur 68:6).

Eğer *"yalnız"*sanız Tanrı sizi ruhsal bir *"ev"*e, karşılıklı olarak birbirlerine kendilerini adamış olan Hristiyan kardeşlerden oluşan bir aileye yerleştirecektir. Şartların ya da kötü güçlerin "tutsağıysanız" Tanrı sizi kurtaracak ve özgürlüğe kavuşturacaktır. Ama, eğer *"asi"* iseniz *"kurak yerde"* oturmaya devam edeceğiniz konusunda uyarı var.

Gereksininiz olan türdeki bir *koinonia*'yı bulmanızı engelleyen şeyler nihai olarak sadece ve sadece gurur, bencillik ya da vazgeçmek istemediğiniz bireysellik gibi kendi içinizdeki tutumlardır. Tanrı'dan hayatınızda bu tür engeller olup olmadığını size göstermesini ve eğer varsa onları yok etmesini isteyin.

Mezmur 27:4'te Davut, ruhunun en derin özlemlerini dile getirir:

"RAB'den tek dileğim, tek isteğim şu: RAB'bin güzelliğini seyretmek. Tapınağında O'na hayran olmak için, ömrümün bütün günlerini O'nun evinde geçirmek."

Davut'un bu sözleri sizin ruhunuzun en derin özlemlerini dile getiriyor mu? Getiriyorsa bu sözleri kendi duanızda da kullanabilirsiniz.

Bir kez daha, kendi sözcüklerinizle dua edebiliyorsanız öyle yapın. Ama hazır bir duayı tercih ediyorsanız aşağıdakini kullanabilirsiniz:

Rab,

Yalnızım, tatminsizlik içindeyim ve bunu kabul ediyorum. *"Senin evinde yaşamanın"*, kendini adamış imanlıların ruhsal "ailesi"nin bir parçası olmanın özlemini çekiyorum. Eğer bende bazı engeller varsa senden bunları kaldırmanı istiyorum. Beni bu özlemimin giderilebileceği bir gruba yönelt ve onlara kendimi gerektiği gibi adamama yardım et.

İsa'nın adıyla, Amin.

YAZAR HAKKINDA

Derek Prince (1915-2003) Hindistan'ın Bangalore eyaletinde, İngiliz ordusuna bağlı asker kökenli bir ailede doğdu. İngiltere'de Eton Lisesi ve Cambridge Üniversitesi'nde ve daha sonra İsrail'deki İbrani Üniversitesi'nde klasik diller (Yunanca, Latince, İbranice ve Aramice) konusunda araştırmacı olarak eğitim aldı. Öğrencilik yıllarında sıkı bir feslefeciydi ve kendini ateist olarak ilan etmişti. Cambridge'deki King's Lisesi'nde antik ve modern felsefe derslerini başlattı.

İkinci Dünya Savaşı sırasında, İngiliz Sıhhiye Kolordusu'ndayken, Prince bir felsefe çalışması olarak Kutsal Kitap okumaya başladı. İsa Mesih'le yaşadığı güçlü birlikteliğin dönüşümüyle, birkaç gün sonra Kutsal Ruh'la vaftiz oldu. Bu yaşam değiştiren tecrübenin tüm hayatına işlemesiyle kendini Kutsal Kitap çalışmaya ve öğretmeye adadı.

1945'te Kudüs'te ordudan ayrılıp oradaki çocuk evinin kurucusu olan Lydia Christensen'le evlendi. Evliliğinde, Lyda'nın evlat edinilmiş sekiz kız çocuğunun da (altısı Yahudi, biri Filistin'li Arap, biri de İngiliz) babası oldu. Ailece İsrail devletinin 1948'de yeniden doğuşunu gördüler. 1950'lerin sonunda Kenya'daki bir lisede müdürlük yaparken, başka bir kız çocuğu daha evlat edindi.

Prince 1963 yılında Amerika Birleşik Devletleri'ne göç etti ve Seattle'da bir kilisede pastörlük yapmaya başladı. John F. Kennedy'nin katledilmesinin de etkisiyle Prince, Amerikalılara kendi ulusları için Tanrı'nın önünde nasıl aracılık etmeleri gerektiğini öğretmeye başladı. 1973'de Amerika İçin Dua Eden Aracılar'ın kurucularından biri oldu. Dua ve Oruçla Tarihi Şekillendirmek adlı kitabıyla dünyanın dört bir yanındaki Hristiyanlar'ı kendi hükümetleri için dua etme sorumluluğu konusunda uyandırdı. Birçoklarına göre bu kitabın el altından yapılan gizli çevirileri SSCB, Doğu Almanya ve Çekoslovakya'daki komünist rejimlerin yıkılmasında etkin bir rol oynadı.

Lydia Prince 1975'de öldü ve Derek 1978'de Ruth Baker'la (evlat edindiği üç çocuğa annelik yapan bekâr bir kadın) evlendi. İlk eşine rastladığı Kudüs'te Rab'be hizmet ederken ikinci eşiyle tanıştı. 1981'den Ruth'un öldüğü 1998 Aralık ayına kadar Kudüs'te beraber yaşadılar.

2003 yılında 88 yaşındayken hayata gözlerini kapamasından birkaç yıl öncesine kadar Tanrı'nın onu çağırdığı hizmetlerde çalışmaya devam etti. Tanrı'nın açıkladığı gerçekleri duyurmak için dünyanın dört yanına seyahat etti, hastalar ve cinliler için dua etti ve Kutsal Kitap'ın ışığında dünyadaki olaylarla ilgili peygamberliklerde bulundu. Yazdığı elliden fazla kitap, altmıştan fazla dile çevrilerek tüm dünyaya dağıtıldı. Nesilden nesle geçen lanetler, İsrail'in müjdesel önemi ve demonoloji (Şeytan bilimi) gibi çığır açan konulardaki öğretilere öncülük etti.

Uluslararası merkezi North Carolina Charlotte'da bulunan Derek Prince Hizmetleri, dünyaya yayılmış şubeleriyle öğretilerini yaymaya ve hizmetkârlar, kilise liderleri ve cemaatler için eğitim vermeye devam etmektedir. Başarılı Yaşamın Anahtarları (şimdilerde Derek Prince'in Mirası Radyosu diye anılıyor) adlı radyo programı 1979'da başladı ve bir düzineden fazla lisana tercüme edildi. Tahminlere göre Prince'in açık, mezhepsel olmayan Kutsal Kitap öğretileri dünyanın yarısından fazlasına ulaştı.

Dünyaca tanınan bir Kutsal Kitap araştırmacısı ve ruhsal bir lider olarak Derek Prince, altı kıtada yetmiş yıldan fazla öğretti ve hizmet verdi. 2002'de şöyle demişti: "Benim (ve inanıyorum ki Rab'bin de) isteğim, altmış yılı aşkın bir süredir Tanrı'nın benim aracılığımla başlattığı bu hizmetin yaptığı işe İsa dönene kadar devam etmesidir."

www.ingramcontent.com/pod-product-compliance
Lightning Source LLC
Chambersburg PA
CBHW071510040426
42444CB00008B/1585